Q&A
医療法人の事業承継ガイドブック

納税猶予制度の実務と相続対策

税理士
安部和彦

清文社

はじめに

　現在わが国の医療法人49,889法人のうち、持分の定めのある（出資持分あり）の社団医療法人の割合は83.1％(41,476法人)と大部分を占めています。当該出資持分ありの社団医療法人は、第５次医療法改正により平成19年４月１日以降新たに設立できない法人形態（経過措置型医療法人）であり、当該医療法改正の趣旨をふまえれば、出資持分なしの医療法人形態への移行が期待されていましたが、いくつかの重大な障害があり、思うように進まなかったという経緯があります。

　移行にあたり障害となったもののうち最も大きなものは、移行に係る税制上の手当てがされていなかったということです。すなわち、出資持分ありの医療法人の過去の経営状況が比較的好調で、その出資持分につき含み益が生じているときには、持分を有している社員がその持分を放棄した場合、当該持分を法人に対して贈与したことになりますが、その贈与が贈与した者の親族等の相続税・贈与税の負担を不当に減少する結果となると認められるときには、当該法人を個人とみなして贈与税または相続税が課されるのです（残存出資者への贈与税課税）。また、当該贈与税または相続税の課税を回避するため、社員がその出資持分につき払戻を受けたり、基金拠出型医療法人の基金に振り替えたりした場合には、みなし配当課税の問題が生じます。これは、医療法人が他の非公開企業と異なり事業承継に係る相続税・贈与税の納税猶予制度の適用対象外であるが故の問題といえます。

　この問題を回避するため、平成26年度の税制改正で導入された措置が、認定医療法人への移行に係る納税猶予制度です。当該制度により、経過措置型医療法人が持分のない医療法人（新医療法人）への移行計画（３年以内）につき厚生労働大臣の認定を受けた場合には、持分放棄に係る残存出資者への贈与税の納税が猶予されます。また、相続人が持分を相続しなかった

場合の、認定医療法人の残存出資者への贈与税の納税も猶予されるほか、認定医療法人の持分を相続した相続人は、相続税の納税が猶予されます。いずれの場合も、移行計画に基づき持分を換価することなく放棄し、持分のない医療法人に移行したときには、猶予税額が免除されることとなります。

　一方、医療法人の事業承継をめぐっては、相続税の問題だけでなく、後継者を誰にするのかという問題や、後継者がいないため事業を譲渡するといったM＆Aの問題も重要性が増しており、医療法人の経営者の関心が高いところです。

　そこで本書は、医療法人の事業承継の基本的な考え方や相続税対策についてはもちろんのこと、平成26年度の税制改正で創設された医業継続に係る相続税・贈与税の納税猶予制度の意義と実際、M＆Aによる医療法人の事業承継といった、医療法人の事業承継に係る項目を網羅的に取り上げ、Q&A形式で説明していくこととします。

　本書で取り上げるテーマは、無床診療所が主体の医療法人の事業承継全般にわたり、実務に直結した内容となっています。しかし、事業承継に係る単なる実務解説だけではなく、税制改正の理論的・歴史的背景についてもできるだけ触れるよう配意しています。そのため、医療法人の経営者である開業医の方々はもちろんのこと、医業のクライアントを開拓したいと考えている税理士・会計士、医業コンサルタントの方々のニーズにも十分応えることができるものと考えています。

　最後になりますが、本書の出版に多大なご尽力をいただきました、清文社の村本健太郎・折原容子の両氏に厚く御礼を申し上げます。

平成27年2月

国際医療福祉大学大学院准教授

税理士　安部　和彦

目次

第1章 認定医療法人に係る相続税・贈与税の納税猶予制度の実務

第1節 認定医療法人制度導入の背景 …… 2

- Q1-1 第5次医療法改正とは？ 2
- Q1-2 経過措置型医療法人とは？ 6
- Q1-3 経過措置型医療法人からの移行手続は？ 8
- Q1-4 医療法人以外の法人に係る相続税・贈与税の納税猶予制度とは？ 10
- Q1-5 医療法人についても持分ありのままであっても納税猶予が認められるべきではないのか？ 16
- Q1-6 平成26年度税制改正の背景は？ 18

第2節 認定医療法人制度の実務 …… 22

- Q1-7 認定医療法人とは？ 22
- Q1-8 認定医療法人への移行計画に係る認定実務はどうなっているのか？ 24
- Q1-9 認定医療法人への移行に伴い持分の払戻要請を受けた場合どうするか？ 29
- Q1-10 認定医療法人の課税関係は？ 32
- Q1-11 認定医療法人の持分を有する個人が死亡した場合の課税の特例とは？ 39
- Q1-12 認定医療法人に係る贈与税の納税猶予制度と相続時精算課税制度との適用関係は？ 41
- Q1-13 認定医療法人に対する相続税・贈与税に係る納税猶予が認められないケースとは？ 45
- Q1-14 認定医療法人に係る相続税の納税猶予制度の計算は？ 47
- Q1-15 認定医療法人に係る贈与税の納税猶予制度の計算は？ 51

Q1-16 認定医療法人に係る相続税・贈与税の納税猶予の適用を受けるかどうかの判断基準は？　53
Q1-17 認定医療法人に係る移行計画で移行後の新医療法人としてどのような形態のものが認められるのか？　56

第3節　認定医療法人制度の移行に係る手続 …… 59

Q1-18 持分なしの医療法人への移行準備にはどのようなことがあるか？　59
Q1-19 持分なしの医療法人への移行計画の認定手続はどうなっているのか？　62
Q1-20 認定医療法人となった場合の実施状況報告とはどういうものなのか？　66
Q1-21 持分なしの医療法人への移行に関し最終的に必要な手続にはどのようなものがあるのか？　69
Q1-22 移行計画認定申請書はどのように作成するのか？　72
Q1-23 出資持分の放棄はどのように行うのか？　78
Q1-24 移行計画の認定後、計画の内容に変更が生じた場合、どうすればよいか？　82

第2章　医療法人の事業承継の実務

第1節　医療法人の事業承継に係る基礎知識 …… 86

Q2-1 医療法人にはどのような形態があるのか？　86
Q2-2 持分の定めのある社団医療法人の出資持分はどう評価する？　91
Q2-3 持分の定めのある社団医療法人の出資持分の具体的な評価方法は？　95
Q2-4 持分の定めのない社団医療法人や財団医療法人は相続財産として評価する必要があるか？　104
Q2-5 基金拠出型医療法人の基金はどう評価する？　106

第2節　事業承継と相続税・贈与税 …… 110

Q2-6 平成25年度の相続税の改正の内容は？　110
Q2-7 平成25年度の贈与税の改正の内容は？　117

Q2-8	平成25年度の相続税・贈与税の改正は医療法人の事業承継にどのような影響があるのか？	128
Q2-9	医療法人に関する小規模宅地等の評価減の特例の留意事項は何か？	130
Q2-10	医療法人に貸しつけている土地に関し「土地の無償返還に関する届出書」を提出している場合の評価は？	135
Q2-11	基金拠出型医療法人に貸しつけている土地に対して小規模宅地等の評価減の特例の適用はあるのか？	139

第3節　持分なしの医療法人への移行に係る課税　　142

Q2-12	持分の定めのある社団医療法人から基金拠出型医療法人へ移行した場合の課税関係は？	142
Q2-13	持分の定めのある社団医療法人から持分の定めのない社団医療法人へ移行した場合の課税関係は？	146
Q2-14	相続税法施行令第33条の「相続税が不当に減少する」とは？	149
Q2-15	役員等の親族要件を判定する際の「役員等」に医療法人の社員は含まれるか？	155
Q2-16	医療法人の役員がMS法人を設立している場合、「特別の利益を与えない」という要件を満たさないこととなるのか？	157
Q2-17	移行に伴い「相続税等が不当に減少する」とされ贈与税が課税された場合、どのように申告するのか？	160

第4節　医療法人の事業承継の実務　　163

Q2-18	医療法人の理事長は医師でなければならないのか？	163
Q2-19	医療法人の理事長退任の際、退職金はどの程度支払えるのか？	166
Q2-20	医療法人の理事長に対する退職金が過大とされる場合の判断基準は？	170
Q2-21	役員の分掌変更を行った場合、退職給与を支払っても問題ないか？	175
Q2-22	理事長に退職金を支払った場合、理事長サイドの課税上のメリットは？	178
Q2-23	医療法人と個人立診療所とで事業承継はどのように異なるか？	180
Q2-24	出資持分を譲渡したときの課税関係は？	183
Q2-25	親族に土地を賃貸借した場合「土地の無償返還に関する届出書」を提出してあれば問題ないか？	185

第5節　医療法人の形態と事業承継　……………………………………………　189

- Q2-26　社会医療法人とは？　189
- Q2-27　社会医療法人に対する課税はどうなっている？　195
- Q2-28　社会医療法人の認定が取り消された場合、税務上どのように取り扱われるのか？　199
- Q2-29　医療法人は自己の出資持分を取得することができるのか？　203
- Q2-30　出資持分の暦年贈与についてはどのように課税されるのか？　205
- Q2-31　出資持分の贈与について相続時精算課税制度の適用を受けるメリットは何か？　209
- Q2-32　特定医療法人とは？　213
- Q2-33　医療法人の事業承継に信託を利用することは可能か？　217

第3章　医療法人のM&A実務

第1節　医療法人のM&Aの形態　……………………………………………　222

- Q3-1　医療機関のM&Aが行われるのはなぜか？　222
- Q3-2　医療法人における事業譲渡とは？　226
- Q3-3　医療法人の合併は可能か？　228
- Q3-4　医療法人の合併の手続は？　231
- Q3-5　医療法人の合併に係る税務上の取扱いは？　234
- Q3-6　医療法人の解散の手続は？　239
- Q3-7　医療法人の解散に係る税務上の取扱いは？　244
- Q3-8　医療法人の出資持分を変更する手続は？　247
- Q3-9　医療法人の社員の退社手続は？　249
- Q3-10　医療法人の出資持分の譲渡の場合の手続は？　252
- Q3-11　医療法人の出資持分を譲渡した場合における税務上の取扱いは？　255

第2節　医療法人のM&A実務の実際　……………………………………………　257

- Q3-12　医療法人のM&Aにおいてアドバイザーは必要か？　257

Q3-13	医療法人の M&A に際し行うデューディリジェンスとは？ 261
Q3-14	医療法人の M&A に際し行うデューディリジェンスの方法は？ 264
Q3-15	医療法人の出資持分を譲渡する際、その資金はどのように調達すべきか？ 271
Q3-16	医療法人の買収価格の算定はどのように行うのか？ 274
Q3-17	DCF 法による医療法人の買収価格の算定はどのように行うのか？ 277
Q3-18	医療法人の事業譲渡に際し営業権を認識すべきか？ 283
Q3-19	医療法人の合併比率はどのように決めるのか？ 286
Q3-20	持分の定めのない医療法人の M&A はどのように行うか？ 289
Q3-21	MS 法人が社団医療法人の出資持分を買収することは可能か？ 291
Q3-22	非営利型持株会社とは？ 293

【凡例】
本文中の主な法令や判例集等は以下のように略記しています。

措法：租税特別措置法	評基通：財産評価基本通達
措令：租税特別措置法施行令	相基通：相続税法基本通達
措規：租税特別措置法施行規則	法基通：法人税基本通達
相法：相続税法	民集：最高裁判所民事判例集
相令：相続税法施行令	高民集：高等裁判所民事判例集
所法：所得税法	行裁例集：行政事件裁判例集
所令：所得税法施行令	家月：家庭裁判月報
消法：消費税法	税資：税務訴訟資料
消令：消費税法施行令	訟月：訟務月報
法法：法人税法	金法：旬刊金融法務事情
法令：法人税法施行令	金商：金融・商事判例
東日本大震災の復興財源の確保に関する特別措置法：	判タ：判例タイムズ
東日本大震災からの復興のための施策を実施するために必要な財源の確保に関する特別措置法	判時：判例時報

第1章

認定医療法人に係る相続税・贈与税の納税猶予制度の実務

第1節 認定医療法人制度導入の背景

Q1-1　第5次医療法改正とは？

　平成26年度の税制改正で新たに認定医療法人に係る相続税・贈与税の納税猶予制度が導入されたと聞きましたが、この導入はそもそも前回の医療法改正（第5次医療法改正）でなされた医療法人制度改革の積み残しの問題への対応であるとの説明を受けました。それでは第5次医療法改正ではどのような医療法人制度改革がなされたのでしょうか、教えてください。

　第5次医療法改正による医療法人制度改革では、医療法人の非営利性を担保するため、残余財産の帰属先が国、地方公共団体や持分の定めのない社団医療法人等に限定されることになるとともに、新たに持分の定めのある社団医療法人を設立することができなくなりました。また、救急医療等確保事業を行うことで設立が認められ、公益法人等として収益事業のみ課税となる社会医療法人が新たに導入されました。

解説

1　医療法人制度と医療法

医療法人制度を規定する医療法は、昭和23年に制定および施行されています。医療法人制度はそのうちの第6章(39-71条)に規定されていますが、当該制度そのものは、2年後の昭和25年の医療法改正で創設されたものです。

医療法人制度は、国民に対して十分な医療の提供を確保するには、公的医療機関（自治体病院の他、日赤、済生会、厚生連等を指す）の整備とともに、民間が開設する私的医療機関の整備も必要であるという観点から、非営利を前提としつつ、医療経営資金の調達と病院等の近代化を図る目的で導入された法人制度であるとされます[1]。

医療法人は当初、常勤の医師（歯科医師）が3名以上いることが設立要件とされていましたが、昭和60年の医療法改正（第1次医療法改正）で常勤の医師が1名ないし2名でも設立できるようになりました。常勤の医師1名で設立される医療法人のことを一般に、「一人医師医療法人」といいます。

2　第5次医療法改正とは

平成19（2006）4月1日に「良質な医療を提供する体制の確立を図るための医療法等の一部を改正する法律」が施行され、いわゆる第5次医療法改正がなされました。これは当時の小泉内閣の下、増え続ける医療費負担の削減や医療分野の規制緩和、医療法人制度の見直し等が主たる検討事項とされ、その結果として少子高齢化社会に即した医療提供体制の整備を図るべく行われた法改正でした。

第5次医療法改正における医療法人制度改革の内容ですが、地域の実態に即して安定的・継続的に医療サービスを提供できるような医療経営の実現に向けた諸施策が盛り込まれました。医療法人に係る具体的な改正事項は以下のとおりです。

---

[1] 島崎謙治『日本の医療』（東京大学出版会・2011年）77頁

(1) 医療法人の残余財産の帰属先

従来の医療法人の大半を占める持分の定めのある社団医療法人の場合、法人の残余財産等が出資者にその出資額に応じて分配されるものとされていました。これは（タイミングこそ異なるものの）実質的には剰余金の配当（分配）に該当し、医療法人の非営利性を損なうものとして問題視されていました。そのため、改正後の医療法により、残余財産の帰属先を国、地方公共団体、公的医療機関の開設者（具体的には日赤等を指す）、医師会等、財団医療法人または持分の定めのない社団医療法人に限定することとされました（医療法44⑤、医療法施行規則31の２）。

(2) 持分の定めのある社団医療法人の新規設立不可

医療法人はその導入以来、営利を目的としない法人であると位置づけられていましたが、社員の退社時等に持分権の行使により剰余金が分配されており、「営利を目的としない法人」であることの形骸化が問題視されていました。そこで、改正後は新たに持分の定めのある社団医療法人の設立ができないこととされました。

その一方で、医療法人の経営の安定化・永続性確保のためには資金が必要であることから、それを確保する手段として基金制度が設けられました。この基金制度に基づく医療法人が「基金拠出型医療法人」です。

(3) 社会医療法人の創設

公共性の高い法人として救急医療等確保事業が義務づけられる一方、社会医療法人債の発行や収益事業を認めることで経営の安定化を促し、地域に必要な医療を安定的に提供しようとするのが、新たに導入された「社会医療法人」制度の創設の趣旨です。社会医療法人は税制上も優遇されていますが、その具体的な内容については、後述Ｑ２－27で説明することとします。

(4) 内部管理体制の見直し

理事・監事といった法人役員の任期が２年と明記され、監事の職務や社

員総会の規定が明確化されました。

(5) **作成書類の見直し**

医療法人の財務内容や運営の透明性の確保を企図して、作成書類の種類、届出期限、閲覧対象者等が変更されました。すなわち、決算書類に事業報告書が追加され、また、当該決算書類および定款等が一般の閲覧に供されることとなりました。

(6) **附帯業務の拡充**

第2種社会福祉事業、老人福祉法第29条第1項に規定する有料老人ホームや高齢者専用賃貸住宅(現サービス付き高齢者向け住宅、「サ高住」)等について、医療法人が附帯業務として運営することが可能となりました。

(7) **その他**

病院または老人保健施設を開設する医療法人の自己資本比率要件が廃止され、書類の保存期間等が定められました。

3 第5次医療法改正後の医療法人制度

第5次医療法改正後の医療法人制度を図式化すれば、**図表1-1**のようになると考えられます。

図表1-1 第5次医療法改正後の医療法人制度概念図

地域医療の中核病院 →	社会医療法人	地上2階
改正後の中心的形態 →	財団医療法人・社団医療法人（持分なし）	地上1階
新規設立不可・経過措置あり →	社団医療法人（持分あり・出資額限度法人を含む）（いわゆる経過措置型医療法人（経過措置は財産権のみ）)	地下1階

Q1-2　経過措置型医療法人とは？

> Q1-1で、第5次医療法改正で医療法人制度が大幅に見直された結果、経過措置型医療法人というカテゴリーが生じたと聞きました。この経過措置型医療法人とはどのようなものを指すのでしょうか、教えてください。

> 経過措置型医療法人とは、第5次医療法改正で医療法人制度が大幅に見直された結果、平成19年4月1日以降新たに設立することができなくなった医療法人のカテゴリーのことを指します。

解説

1　第5次医療法改正による医療法人制度改革

　Q1-1で説明しましたとおり、第5次医療法改正により医療法人制度改革が行われましたが、その中で最も重要なのは、医療法人の非営利性の徹底のため、新たに持分の定めのある社団医療法人が設立できなくなることではないかと考えられます。その結果、第5次医療法改正後は新たに設立が認められなくなるものの、当分の間存続が認められる医療法人形態が存することとなりましたが、これらの医療法人は一般に「経過措置型医療法人」（改正医療法附則10②に規定する医療法人）と呼ばれています（**Q1-1**の**図表1-1**中「地下1階」を指す）。

　経過措置型医療法人は、持分の定めのある社団医療法人の他、出資額限度法人を指します。なお、第3次医療法改正により導入され、平成10年か

図表1-2　医療法人数の統計（平成26年3月末現在）

総数	医療法人				特定医療法人	特別医療法人	社会医療法人	一人医師医療法人
	財団	社団						
		総数	持分あり	持分なし				
49,889	391	49,498	41,476	8,022	375	―	215	41,659

（注1）　厚生労働大臣所管法人数は1,037。
（注2）　特別医療法人は平成24年3月31日をもって経過措置が終了し、現在はゼロである。
（出典）　厚生労働省ホームページ

ら設立が認められるようになった「特別医療法人」は、平成19年3月31日をもって制度が廃止され、社会医療法人への移行を前提に、5年間の移行措置が取られた上で平成24年3月31日をもって完全に廃止されました。

2　経過措置型医療法人の位置づけ

　経過措置型医療法人は、「医療法人の非営利性の徹底」という政策目的にはそぐわない医療法人形態であるため、将来的には持分の定めのない社団医療法人のような「地上1階ないし2階」の医療法人形態へと移行することが期待されていました。しかし、財産権の保障等の観点から、移行が法的に強制されるものではありませんでした。また、後述するように、その移行にあたって多額の課税リスクが生じたため、厚生労働省が期待していたほど移行が進まなかったのが現状ではないかと思われます。

　持分の定めのある社団医療法人は、**図表1-2**でも明らかなように医療法人のうちの83.1％と、現時点においてもその数において医療法人の大部分を占めています。

Q1-3　経過措置型医療法人からの移行手続は？

> Q1-2で、経過措置型医療法人は、「医療法人の非営利性の徹底」という政策目的にはそぐわない医療法人形態であるため、将来的には持分の定めのない社団医療法人のような「地上1階ないし2階」の医療法人形態へ移行することが期待されているという説明がありました。それでは、経過措置型医療法人である持分ありの社団医療法人から持分なしの社団医療法人への移行については、どのような手続を経る必要があるのでしょうか、教えてください。
>
>
> 大きく分けて、社員が出資持分を放棄する方法と、社員が退社する方法とがあります。なお、いずれの方法を選択した場合であっても、一度持分なしの社団医療法人へ移行した場合には、持分ありの社団医療法人へと戻ることはできません。

解説

1　出資持分の放棄による方法

1つ目は出資持分の放棄による方法です。持分なしの社団医療法人は文字どおり出資持分がありませんので、持分ありからの転換には社員全員が出資持分を放棄することが必要となります。

なお、この場合、手続上は医療法人の定款を変更することで足ります（医療法施行規則30の39①）。

2　社員の退社による方法

図表 1 - 3　経過措置型医療法人からの移行手続

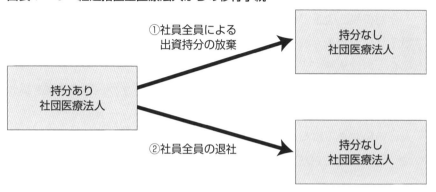

　もう1つの移行手段は、社員全員の退社による方法です。ちなみに「退社」というのは、一般的な用語法である「会社から出て家へ帰宅すること」という意味ではなく、法律用語で、「社団医療法人の出資者である社員としての地位を失うこと」をいいます。この場合、社員は持分全部を放棄することとなります。

　なお、上記**1**、**2**のいずれの方法を選択した場合であっても、一度持分なしの社団医療法人へ移行した場合には、持分ありの社団医療法人へと戻ることはできません（医療法施行規則30の39②）。

第1章　認定医療法人に係る相続税・贈与税の納税猶予制度の実務

 医療法人以外の法人に係る相続税・贈与税の納税猶予制度とは？

　今回の税制改正で新たに認定医療法人に係る相続税・贈与税の納税猶予制度が導入されたと聞きました。これは、一般の中小同族法人の場合、事業承継に係る相続税・贈与税の納税猶予制度の適用が受けられるのに対し、医療法人はその適用対象外であるため、別途措置を講じる必要があったためであるようです。それでは、一般の中小同族法人に適用がある事業承継に係る相続税・贈与税の納税猶予制度の概要について教えてください。

　平成21年度の税制改正で中小同族法人の事業承継については、非上場株式等についての相続税・贈与税の納税猶予制度の創設により手当されていますが、当該制度は残念ながら持分ありの社団医療法人については適用がありません。

解説

1　中小同族法人の事業承継に係る相続税の納税猶予制度

　平成26年度の税制改正で新たに認定医療法人に係る相続税・贈与税の納税猶予制度が導入されましたが、中小同族法人の事業承継については、すでに平成21年度の税制改正で、非上場株式等についての相続税・贈与税の納税猶予制度が創設されることにより手当されていました（措法70の7の2）。

　これは、経済産業大臣の認定を受けた一定の中小企業の後継者である個

人が、その会社の代表権を有していた被相続人から相続または遺贈によりその会社の株式等を取得し、その会社の経営を行っていく場合には、当該後継者が納付すべき相続税額のうち、課税価格の80％相当額については、一定の担保を提供したときに限り納税を猶予するといったこと等を内容とする制度です。

非上場株式等に係る相続税の納税猶予制度の概要は、**図表1－4**のとおりです。

なお、当該制度に関し、経済産業大臣の事前確認を受けた企業数は導入以来3年間で2,800社程度、適用件数が500件程度と低調に推移していました。その理由として、制度の使い勝手がよくないためであるという批判があったことから、平成25年度の税制改正で抜本的な見直しがなされ、名称も変更されています（非上場株式等についての相続税の納税猶予及び免除[2]）。具体的な見直し事項としては、主として以下の3点が挙げられます。

① 後継者に係る親族内承継要件の廃止（旧措法70の7の2②三イ）
② 雇用確保要件（5年間・雇用の8割確保）の緩和（措法70の7の2③二、措令40の8の2㉘）
③ 納税猶予税額の免除事由の拡充（措法70の7の2㉒、措令40の8の2㊿）

上記および次の**2**の改正は、原則として平成27年1月1日以後に相続、遺贈または贈与により取得する非上場株式等に係る相続税または贈与税について適用することとされています。

2　中小同族法人の事業承継に係る贈与税の納税猶予制度

また、贈与税についても同様の制度が導入され、経済産業大臣の認定を

---

[2] なお、この改正により新たに免除が認められるようになったわけではなく、もともと免除が認められていたものの認知されにくい状態であったことから、要件に合致すれば認められるものであることを強調するための名称変更であると考えられる。

第1章 認定医療法人に係る相続税・贈与税の納税猶予制度の実務

図表1-4 非上場株式等に係る相続税の納税猶予制度の概要

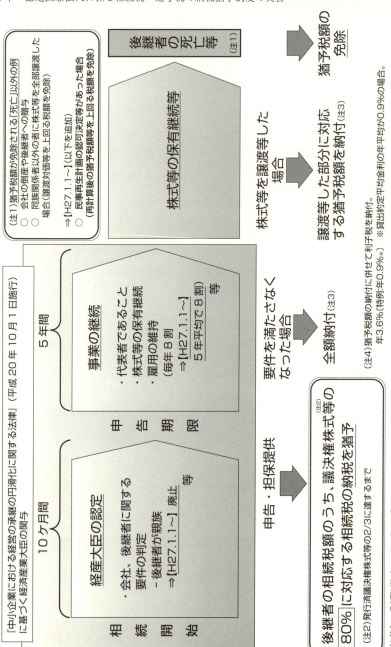

(出典) 財務省ホームページ

受けた一定の中小企業の後継者である個人が、その会社の代表権を有していた個人からその会社の株式等を一括して贈与により取得し、その会社の経営を行っていく場合には、その会社の株式等のうち一定のものに係る納税猶予分の贈与税額相当額については、一定の担保を提供したときに限り贈与者の死亡の日まで納税を猶予する等とされました（措法70の7）。

非上場株式等に係る贈与税の納税猶予制度の概要は**図表1－5**のとおりとなります。

また、贈与税の納税猶予制度についても平成25年度の税制改正で抜本的な見直しがなされています。贈与税については**1**で挙げた①〜③の他、先代経営者に係る役員退任要件の緩和がなされています（措令40の8①三）。

3　事業承継に係る相続税・贈与税の納税猶予制度の医療法人への適用

ところで、仮に当該制度が持分ありの社団医療法人にも適用があるのであれば、事業承継の自由度が高まるため有益であるといえます。しかし、持分ありの社団医療法人は中小企業における経営の承継の円滑化に関する法律第2条にいう「中小企業者」に該当しないため、残念ながらいずれの制度の適用もないこととなります。

4　移行措置の不備と税制改正の必要性

第5次医療法改正により医療法人の非営利性の徹底のため、新たに持分の定めのある社団医療法人が設立できなくなりました。当該医療政策の変更は妥当であると考えられますが、それに対応するため、持分ありから持分なしへの移行に係る税制上の措置が講じられるべきであったにもかかわらずなされなかったことは、重大な問題であったと考えられます。

たとえば過去においては、特定医療法人制度の創設の際、大蔵省、国税庁および厚生省の三者が覚書（昭和39年12月28日「租税特別措置法第67条の2の適用を受けるための社団たる医療法人の組織変更について」）を交わし、

第1章 認定医療法人に係る相続税・贈与税の納税猶予制度の実務

図表1-5 非上場株式等に係る贈与税の納税猶予制度の概要

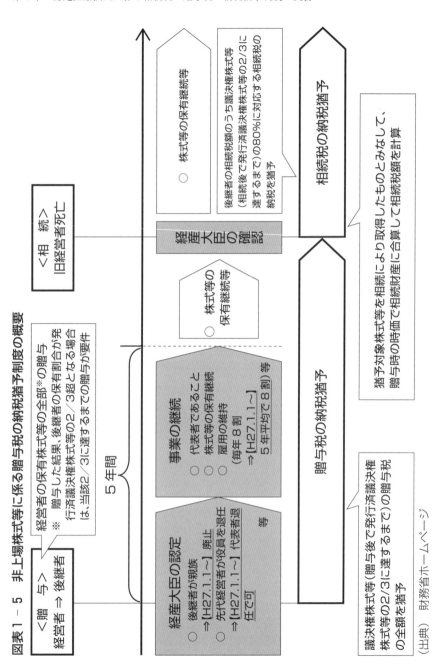

(出典) 財務省ホームページ

定款変更により出資持分の定めのある社団医療法人から特定医療法人へ移行する場合には、法人税、所得税および贈与税の課税を行わない旨を確認しています。第5次医療法改正による医療法人制度改革においても、同様の措置を行うことが適切な医療政策実現のために必須の措置であったと考えられます[3]。

---

[3] 同様の見解として、品川芳宣「持分あり医療法人に対する課税の現状と課題(下)」『税理』2013年8月号99頁参照。

第1章　認定医療法人に係る相続税・贈与税の納税猶予制度の実務

 医療法人についても持分ありのままであっても納税猶予が認められるべきではないのか？

　今回の税制改正で、新たに認定医療法人に係る相続税・贈与税の納税猶予制度が導入されたということを知りました。このこと自体は歓迎されるもので評価していますが、一方で、Q1－4によれば一般の営利法人の場合、一定の要件を満たした場合には、持分なしの法人に移行することなく相続税・贈与税の納税猶予が認められるようです。医療法人に関しても当該制度の適用があってもおかしくないと思いますが、今後そのような税制改正がなされる見込みはあるでしょうか、教えてください。

　たしかに非上場の一般営利法人と同様に、持分なしに移行しなくとも相続税・贈与税の納税猶予が認められるべきという考え方もあり得ますが、もしそれを導入したならば、医療法人制度が非営利性の徹底という方向に舵を切っている以上、それに矛盾し持分ありの医療法人の存続を助長しかねないため、妥当な税制上の措置とはいえないものと考えられます。

解説

1　中小同族法人の事業承継に係る相続税・贈与税の納税猶予制度

　平成26年度の税制改正で新たに認定医療法人に係る相続税・贈与税の納税猶予制度が導入されましたが、中小同族法人の事業承継については、すでに平成21年度の税制改正で非上場株式等についての相続税・贈与税の納

税猶予制度の創設により手当されていました（措法70の7、70の7の2）。また、平成25年度の税制改正で、当該制度の拡充がなされているのは、Q1-4で説明したとおりです。

しかし、持分ありの社団医療法人は、中小企業における経営の承継の円滑化に関する法律第2条にいう「中小企業者」に該当しないため、残念ながらいずれの制度の適用もありません。

2　持分ありの社団医療法人への適用の是非

医療法人の関係者の中には、現行の中小同族法人に対する納税猶予制度を改正し、持分ありの社団医療法人についても適用されるようにすべきという考え方もありますが、それは果たして妥当なのでしょうか。

厚生労働省は第5次医療法改正で、医療法人制度につき「非営利性の徹底」という方向に舵を切っていますが、仮に持分ありの医療法人に対しても中小同族法人に対する相続税・贈与税の納税猶予が認められた場合、税制が持分ありの社団医療法人の存続に手を貸すこととなり、租税政策が医療政策と齟齬を来すこととなります。これが望ましい租税政策といえるかどうかは、火を見るよりも明らかではないでしょうか。

持分ありの社団医療法人でなければ提供できない医療というものがそもそも存在しない以上、その存続を助長するような租税政策に妥当性があるとは考えにくいと思われます。

したがって、後述する平成26年度の税制改正で導入された認定医療法人に係る相続税・贈与税の納税猶予制度の方が、理論的には妥当であると考えられます。

-6　平成26年度税制改正の背景は？

　平成26年度の税制改正で、新たに認定医療法人に係る相続税・贈与税の納税猶予制度が導入されましたが、当該制度導入にはどのような背景があったのでしょうか、教えてください。

　持分の定めのある社団医療法人の場合、出資持分に財産性があるためその承継にあたり相続税が課されますが、それを回避しようと社員が持分を放棄しても、多くの場合医療法人を個人とみなして贈与税が課されることとなるため、円滑な事業承継に支障をきたすことから、新たに認定医療法人に係る相続税・贈与税の納税猶予制度が導入されました。

解説

1　認定医療法人に係る相続税・贈与税の納税猶予制度の背景

　第5次（平成18年）医療法改正前の医療法人のうち、持分ありの医療法人（経過措置型医療法人）は剰余金の配当はできないものの、退社時の持分払戻や解散時の残余財産分配は禁止されていないため、いざそれが実行された場合、払戻額が高額となるため医療法人の存続が脅かされたり、相続発生により持分に係る多額の相続税支払いが起こり、医業継続に支障をきたすという指摘が根強くありました。

　そのため、第5次医療法改正で、医療法人の非営利性徹底の観点から持分ありの医療法人の新規設立が認められなくなりましたが、従来の持分あ

第1節 認定医療法人制度導入の背景

図表1-6 第5次医療法改正前後の医療法人の状況

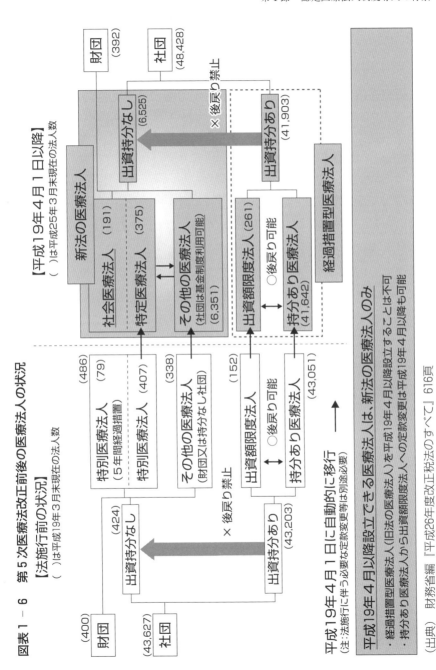

(注：法施行に伴う必要な定款変更等は別途必要)
・経過措置型医療法人(旧法の医療法人)を平成19年4月以降設立することは不可
・持分あり医療法人から出資額限度医療法人への定款変更は平成19年4月以降も可能

(出典) 財務省編『平成26年度税制改正のすべて』616頁

りの医療法人は経過措置型医療法人として存続したため、問題はそのまま残っていました。

2 認定医療法人に係る相続税・贈与税の納税猶予制度の趣旨

　持分の定めのある社団医療法人の場合、出資持分に財産性があるためその承継にあたり相続人（後継者である社員）に対し相続税が課されますが、それを回避しようと社員が持分を放棄しても、多くの場合医療法人を個人とみなして贈与税が課されることとなるため、円滑な事業承継に支障をきたすこととなります。これを回避するために導入されたのが、認定医療法人に係る相続税・贈与税の納税猶予制度です。

　本来であれば、第5次医療法改正で持分ありの医療法人の新規設立が認められなくなったことにより見込まれる、持分ありから持分なしへの移行をサポートするため、**Q1-4**で指摘したとおりその時点で税制上の措置を講じるべきでしたが、残念ながら今回の改正までそれがなされなかったということです。

　当該制度の創設を図示したのが**図表1-7**です。

第1節　認定医療法人制度導入の背景

図表1－7　医業継続に係る相続税・贈与税の納税猶予および免除の特例措置の創設

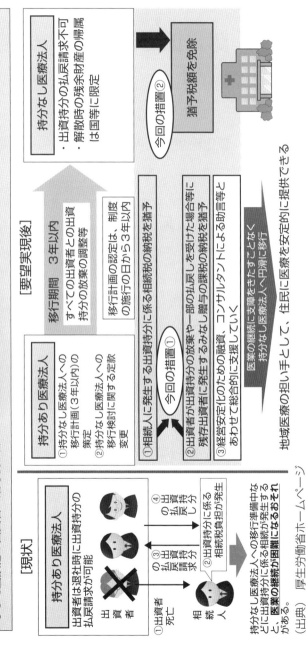

(出典）厚生労働省ホームページ

第1章 認定医療法人に係る相続税・贈与税の納税猶予制度の実務

認定医療法人制度の実務

 -7 認定医療法人とは？

> 平成26年度の税制改正で、新たに認定医療法人に係る相続税・贈与税の納税猶予制度が導入されましたが、ここでいう「認定医療法人」とはどういうものなのでしょうか、教えてください。

A

　認定医療法人とは、持分の定めのある社団医療法人（経過措置型医療法人）から新医療法人への移行が期待される医療法人で、厚生労働大臣がその移行に係る計画が適当であると認定した場合における、移行中の暫定的な医療法人のことをいいます。

解説

1　第5次医療法改正の附則の改正

　平成18年度の第5次医療法改正（「良質な医療を提供する体制の確立を図るための医療法等の一部を改正する法律」）により、持分なしの医療法人（新医療法人：社団たる医療法人であって、その定款に残余財産の帰属すべき者として医療法第44条第5項に規定する者[4]を規定しているものをいう）への移行が期待された持分ありの医療法人（経過措置型医療法人[5]）でしたが、税制

上の措置の不備によりそのまま存続し、移行が思うように進んでいないことから、平成26年の改正医療法（「地域における医療及び介護の総合的な確保を推進するための関係法律の整備等に関する法律」により改正された、医療法附則10の2～9、平成26年10月1日施行）により、税制上の措置を含めた移行促進措置が盛り込まれたところです。

2　認定医療法人の意義

　平成26年の改正医療法では、新医療法人への円滑な移行を推進するための施策として、持分ありの医療法人（経過措置型医療法人）が持分なしの医療法人（新医療法人）への移行に関する計画（「移行計画」）を作成し、これを厚生労働大臣に提出して、その移行計画が適当である旨の認定を受けることができるようにしました。この移行計画に基づき新医療法人へ移行することが期待される、暫定的な医療法人のことを「認定医療法人」といいます。

　認定医療法人制度の肝は「移行計画」ですが、これについては**Q1-8**で解説します。

---

[4] 国、地方公共団体、医療法第31条に定める公的医療機関の開設者、医師会（一般社団法人または一般財団法人に限る）及び財団医療法人または社団医療法人で持分の定めのないものをいう。
[5] 医療法上の名称は「経過措置医療法人」であるが、本書ではより一般的と思われる「経過措置型医療法人」という名称を使用する。

認定医療法人への移行計画に係る認定実務はどうなっているのか？

平成26年の医療法改正で導入された認定医療法人制度においては、持分ありの医療法人から持分なしの医療法人への移行に係る計画の認定を受ける必要があるようですが、この移行計画に係る認定実務はどのようになっているのでしょうか、教えてください。

厚生労働大臣の移行計画に係る認定は、地域における医療及び介護の総合的な確保を推進するための関係法律の整備等に関する法律施行の日（平成26年10月1日）から起算して3年以内、すなわち平成29年9月30日までに受ける必要があります。

解説

1 移行計画の認定制度

平成26年の医療法改正（「地域における医療及び介護の総合的な確保を推進するための関係法律の整備等に関する法律」により改正された、医療法附則10の2～9、平成26年10月1日施行）により、経過措置型医療法人が新医療法人へ移行をしようとする場合には、移行計画を作成し、それを厚生労働大臣に提出して、当該移行計画が適当であるという認定を受ける必要があります（改正医療法附則10の3①）。

厚生労働大臣による認定とその後の基本的な流れは**図表1-8**のとおりとなります。

第 2 節 認定医療法人制度の実務

図表 1 − 8 認定制度の流れ

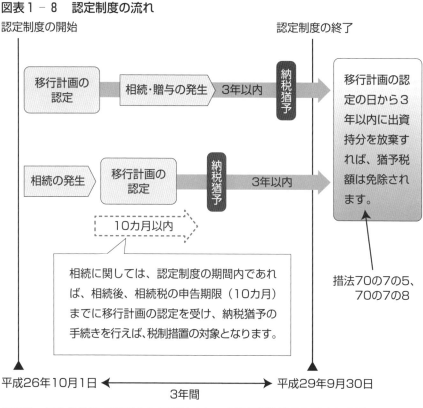

(出典) 厚生労働省「『持分なし医療法人』への移行促進策のご案内」2 頁

　移行計画には以下の事項を記載する必要があります（改正医療法附則10の 3 ②）。
① 　移行する「新医療法人」の類型
　　ア．社会医療法人（医療法42の 2 ①）
　　イ．特定医療法人（措法67の 2 ①）
　　ウ．基金拠出型医療法人
　　エ．上記ア〜ウ以外の医療法人
② 　移行に向けた取組の内容

③　移行に向けた検討の体制
④　移行の期限
⑤　その他厚生労働省令で定める事項

また、移行計画には、以下に掲げる書類の添付が必要です（改正医療法附則10の3③）。

⑥　定款
⑦　出資者名簿
⑧　その他厚生労働省令で定める書類

2　認定期限

厚生労働大臣の移行計画に係る認定は、「地域における医療及び介護の総合的な確保を推進するための関係法律の整備等に関する法律」施行の日（平成26年10月1日）から起算して3年以内、すなわち平成29年9月30日までに受ける必要があります（改正医療法附則10の3⑤）。

3　厚生労働大臣による認定

厚生労働大臣は、**1**で説明した認定の申請があった場合において、その移行計画が以下のいずれにも適合するものであると認めるときは、その認定をするものとされており（改正医療法附則10の3④）、また、その認定を受けた経過措置型医療法人を「認定医療法人」といいます（改正医療法附則10の4①）。

①　移行計画が当該申請に係る経過措置型医療法人の社員総会において議決されたものであること
②　移行計画が新医療法人への移行をするために有効かつ適切なものであること
③　移行計画に記載された移行の期限（上記**1**④参照）が厚生労働大臣の認定の日から起算して3年を超えない範囲内のものであること

また、上記により移行計画の認定を受けた認定医療法人は、上記③で明記されているとおり、認定を受けた日から3年以内に新医療法人に移行する必要があります。

さらに、認定医療法人は当該認定に係る移行計画を変更しようとするときは、厚生労働大臣の認定を受けなければなりません（改正医療法附則10の4①、**Q1－24**参照）。

なお、認定医療法人が新医療法人になったときは、当該認定医療法人が受けた改正医療法附則第10条の3第1項の認定は、その効力を失います（改正医療法附則10の6）。

4　認定の取消し

厚生労働大臣は、認定医療法人が認定を受けた移行計画（認定移行計画）に従って新医療法人への移行に向けた取組みを行っていないと認めるときや、その他厚生労働省令で定める一定の事由に該当するときは、その認定を取り消すことができます（改正医療法附則10の4②）。

また、厚生労働大臣は、認定医療法人が認定移行計画に記載された移行の期限までに新医療法人にならなかったときは、その認定を取り消すものとされています（改正医療法附則10の4③）。

一度上記により認定を取り消された経過措置型医療法人は、再度認定を受けることはできませんので、注意を要します（改正医療法附則10の4④）。

5　事業報告書等の提出期限の延長

医療法上、医療法人は毎会計年度終了後3か月以内に事業報告書等を都道府県知事に届け出ることが義務づけられています（医療法52①）。ただし、認定医療法人の場合は、事務手続等への配慮からこの期限が6か月に延長されています（改正医療法附則10の5）。

6 移行計画の認定から持分なし医療法人への移行までの流れ

移行計画の認定から持分なし医療法人への移行までの流れは、**図表1-9**のとおりとなります。

図表1-9　移行計画の認定から持分なし医療法人への移行までの流れ

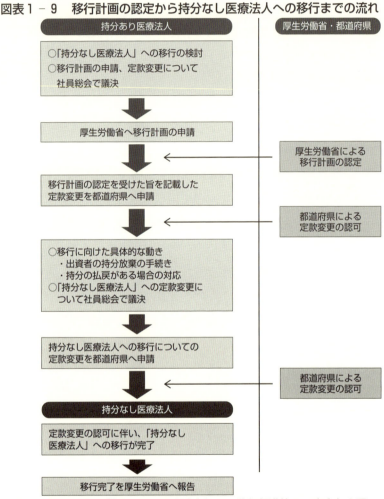

（出典）　厚生労働省「『持分なし医療法人』への移行促進策のご案内」3頁

第2節　認定医療法人制度の実務

 -9　認定医療法人への移行に伴い持分の払戻要請を受けた場合どうするか？

　現在持分ありの医療法人から基金拠出型医療法人への移行について、移行計画の準備を進めていますが、その中で一部の出資者から持分の払戻を受けたい旨の要請があります。この要請を受けた場合、医療法人の資金繰りの面で厳しいことになりそうですが、何かよい手立てはあるでしょうか、教えてください。

　移行計画の認定を受け、持分なしの医療法人への移行を進める認定医療法人において、出資持分の払戻が生じ、資金調達が必要となった場合、独立行政法人福祉医療機構（WAM）による新たな経営安定化資金の貸付を受けることができます。

解説

1　移行計画達成に対する援助

　Q1－8でみたとおり、平成26年の医療法改正により、経過措置型医療法人が新医療法人へ移行をしようとする場合には、移行計画を作成し、当該移行計画が適当であるという認定を受ける必要があり、その認定を受けた医療法人を認定医療法人といいますが、その際政府は当該認定医療法人に対し、認定移行計画の達成のために必要な助言、指導、資金の融通のあっせんその他の援助を行うよう努めるものとする、とされています（改正医療法附則10の7）。

　このうち、資金の融通のあっせんに係るものが、独立行政法人福祉医療

機構（The Welfare and Medical Service Agency, WAM）による経営安定化資金の貸付制度です。

2　福祉医療機構による経営安定化資金の貸付制度

　福祉医療機構による経営安定化資金の貸付制度とは、厚生労働大臣による移行計画の認定を受け、持分なしの医療法人への移行を進める認定医療法人において、出資持分の払戻しが生じ、資金調達が必要となった場合、独立行政法人福祉医療機構による新たな経営安定化資金の貸付を受けることができるというものです。これは長期運転資金の貸付制度の一環と位置づけられています。

3　貸付条件等

　上記福祉医療機構による、移行に係る経営安定化資金制度の貸付条件等は、以下のとおりです。

(1)　**貸付限度額**

　①　貸付限度額

　　　病院、診療所、介護老人保健施設ともに2億5,000万円となります。

　②　償還期間

　　　8年（うち据置期間1年以内）です。

(2)　**貸付条件**

　①　利用見込み有の場合

　　　移行計画の申請時に、融資制度の利用見込みを「有」として認定を受け、持分なしの医療法人への移行期間中の医療法人であることが必要です。

　②　利用見込み無の場合

　　　仮に移行計画の認定時において、融資制度の利用見込みを「無」としていたものの、その後、融資制度の利用見込みが生じた場合につい

ては、厚生労働省あてに移行計画の変更申請を行って認定を受ける必要があります。
③　審査
資金の貸付にあたっては、事前審査および本審査を受ける必要があります。
④　担保
原則として、担保を提供する必要があります。
⑤　保証
保証については、次のいずれか１つを選択することになります。
ア．保証人不要制度（貸付利率に一定の利率を上乗せします）
イ．法人代表者等、個人の連帯保証人を立てる方法
⑥　既存の「経営安定化資金」との併用不可
福祉医療機構は医療機関に対し長期運転資金として、経営環境変化に伴う「経営安定化資金」の貸付（病院の場合、最高３億6,000万円）を行っていますが、それとの併用はできません。

4　審査

融資に係る審査については、事前審査と本審査の２回受ける必要があります。

(1)　事前審査

収支改善計画書、財務諸表等を提出し、福祉医療機構の事前審査を受けます。

(2)　本審査

借入申込前に、まず福祉医療機構の「経営指導」を受ける必要があります。次に、福祉医療機構が医療法人関係者に対して面接を実施し、収支改善計画の内容が確認されます。

本審査における提出書類は、収支改善計画書および財務諸表等です。

-10 認定医療法人の課税関係は？

持分ありの医療法人が認定医療法人の認定を受け、その後持分の定めのない医療法人に移行した場合、税務上どのように取り扱われるのでしょうか、教えてください。

大きく分けて、「相続税の納税猶予・免除制度」、「相続人が持分を放棄した場合における相続税の税額控除」、「贈与税の納税猶予・免除制度」および「相続人が持分を相続しなかった場合における残存出資者への贈与税に係る税額控除」の4類型に従って、課税関係を考えることとなります。

解説

1 相続税の納税猶予・免除制度

相続人が持分の定めのある社団医療法人（経過措置型医療法人）の出資持分を相続または遺贈により取得した場合、その法人が相続税の提出期限において新たに法定される移行計画の認定を受けた医療法人（認定医療法人）であるときには、担保の提供を条件として、移行計画の期間満了まで持分の価額に対応する相続税の納税が猶予されます（措法70の7の8①）。

また、移行期間（最長3年間）内に、相続人が持分の払戻や譲渡を行うことなく、その持分の放棄を行ったときには、猶予税額が免除されることとなりました（措法70の7の8⑪一）。

当該特例の適用があるのは、相続税の申告書提出期限において医療法人

が認定医療法人となっている場合ですので、その認定は相続開始前でもよく、また、相続開始後申告書提出期限までの間（10か月）でもよいこととなります。

なお、移行後の新医療法人が基金拠出型医療法人の場合、免除される相続税の納税猶予分は基金として拠出した額を控除した残額です（措法70の7の8⑪）。その場合、基金として拠出した額の納税猶予の期限は、基金拠出型医療法人に係る都道府県知事の定款変更の認可があった日から2か月後までとされ（措法70の7の8⑥）、基金として拠出した額に対応する利子税（年6.6％）を相続税と併せて納付する必要があります（措法70の7の8⑫）。

2　相続人が持分を放棄した場合における相続税の税額控除

相続人が持分の定めのある社団医療法人を相続または遺贈により取得した場合において、その法人が新たに法定される移行計画の認定を受けた医療法人（認定医療法人）であり、かつ、その相続人が認定医療法人の持分の一部または全部を相続税の申告期限までに放棄した場合には、通常の相続税額から放棄相当相続税額が控除されることとなりました（措法70の7の9①）。

上記**1**の納税猶予が相続税の申告期限から効力が生じる制度であるのに対し、申告期限までに持分を放棄した場合には、当該税額控除制度により対応するという趣旨であると考えられます。

この場合、上記**1**の納税猶予・免除制度の適用は当然ありません。

相続税に関する上記**1**および**2**の規定は、**図表1－10**のようにまとめることができるものと思われます。

3　贈与税の納税猶予・免除制度

出資者が退社をした場合において、その持分の全部または一部につき放

第1章 認定医療法人に係る相続税・贈与税の納税猶予制度の実務

図表1-10 持分についての相続税の納税猶予または税額控除

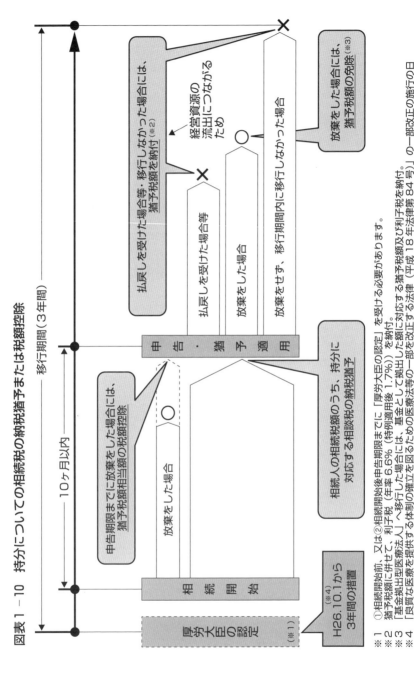

※1 ①相続開始時、又は②相続開始後申告期限までに「厚労大臣の認定」を受ける必要があります。
※2 猶予税額に併せて、利子税(年率6.6%(特例適用後1.7%))を納付。
※3 「基金拠出型医療法人」へ移行した場合には、基金として拠出した額に対応する猶予税額及び利子税を納付。
※4 「良質な医療を提供する体制の確立を図るための医療法等の一部を改正する法律(平成18年法律第84号)」の一部改正の施行の日

(出典) 財務省編『平成26年度改正税法のすべて』628頁

34

棄したことにより、他の出資者（残存出資者）の持分が増加するという経済的利益に関し、出資者間で当該経済的利益について贈与があったものとみなして贈与税が課されるケース（みなし贈与課税）についても同様に、その法人が新たに法定される移行計画の認定を受けた医療法人（認定医療法人）であるときには、担保の提供を条件として、移行計画の期間満了まで放棄により受けた経済的利益に係る贈与税の納税が猶予されます（措法70の7の5①）。

また、納税猶予を受けた残存出資者が移行計画の期限までに出資持分の全部を放棄したときには、上記猶予税額が免除されることとなりました（措法70の7の5⑪一）。

この場合においても、移行後の新医療法人が基金拠出型医療法人の場合、免除される贈与税の納税猶予分は基金として拠出した額を控除した残額です（措法70の7の5⑪二）。その場合、基金として拠出した額の納税猶予の期限は、基金拠出型医療法人に係る都道府県知事の定款変更の認可があった日から2か月後までとされ（措法70の7の5⑥）、基金として拠出した額に対応する利子税（年6.6％）を贈与税と併せて納付する必要があります（措法70の7の5⑫二）。

なお、納税猶予の条件である担保の提供ですが、適用を受ける受贈者が認定医療法人の持分のすべてを担保に提供したときには、その持分の価額が納税猶予分の贈与税額に満たない場合であっても、その納税猶予分の贈与税額に相当する担保の提供があったものとみなされます（措法70の7の5⑦）。

4　個人が持分を放棄した場合における残存出資者への贈与税に係る税額控除

さらに、認定医療法人の持分を有する個人がその持分の全部または一部を放棄したことにより、残存出資者に対し贈与税が課されることとなる場合において、当該残存出資者が贈与税の申告期限までにその持分の全部ま

たは一部を放棄した際には、通常の贈与税額から放棄相当贈与税額が控除されることとなりました（措法70の7の6①）。

この場合、上記**3**の納税猶予・免除制度の適用は当然ありません。

贈与税に関する上記**3**および**4**は、**図表1－11**のようにまとめることができるものと思われます。

医療法人の持分の相続・放棄による移転のイメージを図にすると、**図表1－12**のようになります。

第2節 認定医療法人制度の実務

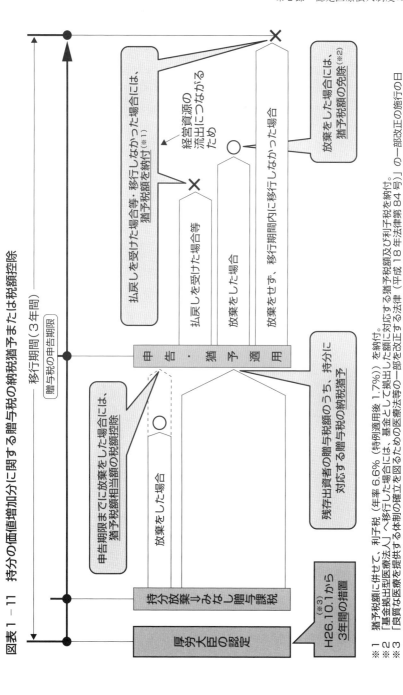

図表1－11 持分の価値増加分に関する贈与税の納税猶予または税額控除

※1 猶予税額に併せて、利子税（年率6.6%（特例適用後1.7%））を納付。
※2 「基金拠出型医療法人へ移行した場合には、基金として拠出した額に対応する猶予税額及び利子税を納付。
※3 「良質な医療を提供する体制の確立を図るための医療法等の一部を改正する法律（平成18年法律第84号）」の一部改正の施行の日

（出典）財務省編『平成26年度改正税法のすべて』619頁

第1章 認定医療法人に係る相続税・贈与税の納税猶予制度の実務

図表1-12 医療法人の持分の相続・放棄による移転のイメージ

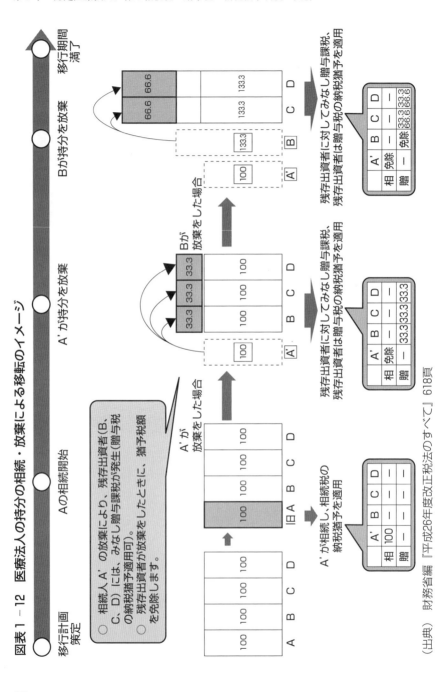

(出典) 財務省編『平成26年度改正税法のすべて』618頁

第2節　認定医療法人制度の実務

 -11　認定医療法人の持分を有する個人が死亡した場合の課税の特例とは？

　認定医療法人の持分を有する個人が死亡した場合、他の出資者の持分の価額が増加し、その経済的利益について相続税が課されると思われます。このようなケースについても、今回の税制改正で課税の特例措置が設けられたと聞きましたが、その内容について教えてください。

　今回の税制改正で、そのような場合であっても、経済的利益については相続税ではなく贈与税を課税することとし、認定医療法人に係る贈与税の納税猶予・税額控除制度の適用が受けることができる措置が講じられています。

解説

1　認定医療法人の持分を有する個人が死亡した場合の課税の特例

　出資額限度法人のような経過措置型医療法人の持分を有する個人が死亡したときに、相続人が遺言により出資額を払出した場合、出資額を超える部分はその医療法人に帰属することとなり、他の出資者の持分の価額が増加するため、その経済的利益について相続税が課されます（相法9）。

　同様に、持分ありの社団医療法人持分を有する個人が死亡したときに、相続人が遺言により当該持分を放棄した場合、他の出資者の持分の価額が増加するため、その経済的利益について相続税が課されます。

　このような場合であっても、平成26年度の税制改正で、他の出資者の選択により、その経済的利益について相続税ではなく贈与税を課税すること

39

とし、認定医療法人に係る贈与税の納税猶予・税額控除制度の適用を受けることができるようになりました（措法70の7の7①③）。

2　相続前3年以内の贈与財産として相続税の課税財産とみなす規定の不適用

また、上記**1**の場合、当該経済的利益を相続前3年以内の贈与財産として相続税の課税財産とみなす規定（相法19①）は適用されません（措法70の7の7①）。これは相続税ではなく贈与税を課すという制度の趣旨からいって当然の措置であるといえます。

第 2 節　認定医療法人制度の実務

-12　認定医療法人に係る贈与税の納税猶予制度と相続時精算課税制度との適用関係は？

　今回の税制改正で新たに認定医療法人に係る相続税・贈与税の納税猶予制度が導入されたと聞きました。私自身も持分ありの社団医療法人の理事長であり、当該規定の適用を受けることを検討していますが、実は事業承継対策として、すでに出資持分の一部について後継者である息子（医療法人の理事で副院長）に贈与しており、息子は相続時精算課税制度の適用を受けています。

　仮に、私の経営する医療法人が認定医療法人となり、私が当該認定医療法人の持分を放棄したことによる経済的利益について息子が贈与税の納税猶予制度の適用を受けた場合、当該経済的利益に関する相続時精算課税制度の適用はどうなるのでしょうか、教えてください。

　相続時精算課税制度の適用者である子が、質問者が認定医療法人の持分を放棄したことによる経済的利益について贈与税の納税猶予制度の適用を受けた場合には、その経済的利益に対しては相続時精算課税制度の適用はないこととされています。

解説

1　相続時精算課税制度とは

　平成15年度の税制改正で、生前贈与を容易にし、次世代への資産の移転を促進する目的で、相続時精算課税制度が導入されました。相続時精算課税制度は納税者の選択（選択しない場合は通常の贈与税の課税（暦年課税）

となる）により適用されることとなりますが、その要件はおおむね以下のとおりです。

(1) 贈与者および受贈者の要件

贈与者（特定贈与者）は60歳以上の親または祖父母、受贈者は20歳以上の推定相続人（贈与者の直系卑属）および孫です（相法21の9①、措法70の2の5①）。

(2) 選択の方法

相続時精算課税制度の選択を行おうとする受贈者は、最初の贈与を受けた年の翌年2月1日から3月15日までの間にその旨等を記載した届出書を所轄税務署長に提出する必要があります（相法21の9②）。

(3) 特別控除額

相続時精算課税制度の控除額（特別控除額）は特定贈与者ごとに2,500万円です（累積額、相法21の12）。

(4) 税率

相続時精算課税制度の適用者が特定贈与者から受けた贈与額（贈与時の時価で評価、相法21の16③）から、複数年にわたり利用できる上記非課税枠（特別控除額）を控除した後の金額に一律20％の税率を乗じて贈与税額を計算します（相法21の13）。

(5) 精算課税

相続時精算課税制度を選択した受贈者は、贈与者の相続発生時に、相続時精算課税制度の適用対象となる贈与財産と相続財産とを合算して相続税額を計算したのち、当該制度によりすでに納付した贈与税相当額を控除することとなります（相法21の14、15、16）。また、控除しきれない税額があるときは還付されます（相法33の2）。

なお、平成25年度の税制改正で、受贈者の対象として20歳以上の孫が含まれるようになりましたが、贈与者の相続発生時には、相続人ではない孫が遺贈により財産を取得しない場合であっても精算課税の対象となるのは

もちろんのこと（相法21の16①）、その相続税額の計算の際には、2割加算の適用があります（相法18①）。

2　医業継続に係る贈与税の納税猶予および免除の特例措置

　平成26年度の税制改正で導入された認定医療法人に係る贈与税の納税猶予制度の適用があるのは、以下の2類型です。

(1)　贈与税の納税猶予・免除制度

　出資者が退社をした場合において、その持分の全部または一部につき放棄したことにより、他の出資者（残存出資者）の持分が増加するという経済的利益に関し、出資者間で当該経済的利益について贈与を受けたものとみなして贈与税が課されるケースについては、その法人が新たに法定される移行計画の認定を受けた医療法人（認定医療法人）であるときには、担保の提供を条件として、移行計画の期間満了まで放棄により受けた経済的利益に係る贈与税の納税が猶予されます（措法70の7の5①）。

　また、納税猶予を受けた残存出資者が移行計画の期限までに出資持分の全部を放棄したときには、上記猶予税額が免除されることとなります（措法70の7の5⑪一）。

(2)　個人が持分を放棄した場合における残存出資者への贈与税に係る税額控除

　認定医療法人の持分を有する個人がその持分の全部または一部を放棄したことにより、残存出資者に対し贈与税が課されることとなる場合において、当該残存出資者が贈与税の申告期限までにその持分の全部または一部を放棄した場合には、通常の贈与税額から放棄相当贈与税額が控除されることとなります（措法70の7の6①）。

　要するに、贈与税の申告期限までに残存出資者がその持分の全部または一部を放棄した場合には税額控除、申告期限後に放棄した場合には納税猶予・免除制度の適用ということになります。

3 贈与税の納税猶予制度と相続時精算課税制度との適用関係

図表1−13 贈与税の納税猶予制度と相続時精算課税制度との適用関係

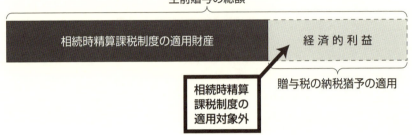

　それでは、設問のようにすでに子が相続時精算課税制度の適用を受けているケースで、その後持分ありの医療法人が認定医療法人となり、質問者（親で医療法人の理事長）が当該認定医療法人の持分を放棄したことによる経済的利益について、子が贈与税の納税猶予制度の適用を受けた場合には、相続時精算課税制度との適用関係はどうなるのでしょうか。

　これについては租税特別措置法に規定があり、相続時精算課税制度の適用者である子が、質問者（特定贈与者）が認定医療法人の持分を放棄したことによる経済的利益について贈与税の納税猶予制度の適用を受ける場合には、その経済的利益には相続時精算課税制度の適用はないこととされています（措法70の7の5③）。これは、経済的利益について贈与税の税額控除制度の適用を受ける場合も同様です（措法70の7の6③）。

第 2 節　認定医療法人制度の実務

 認定医療法人に対する相続税・贈与税に係る納税猶予が認められないケースとは？

　今回の税制改正で新たに認定医療法人に係る相続税・贈与税の納税猶予制度が導入されたと聞きました。私自身も持分ありの社団医療法人の理事長であり、当該規定の適用を受けることを検討していますが、実は事業承継対策として、すでに出資持分の一部について後継者である息子（医療法人の理事で副院長）に毎年少しずつ贈与しており、息子は暦年課税に係る贈与税の申告を行っています。このような場合、仮に私の経営する医療法人が認定医療法人となり、来年以降も持分の贈与を行った場合、当該贈与につき贈与税に係る納税猶予の適用は受けられるのでしょうか、教えてください。

　医業継続に係る贈与税の納税猶予および免除の特例措置の適用があるのは基本的に租税特別措置法に規定された 2 類型に限定され、持分の贈与に対する贈与税には適用がありません。

解説

1　医業継続に係る贈与税の納税猶予および免除の特例措置

　Q 1 - 12で確認したとおり、平成26年度の税制改正で導入された認定医療法人に係る贈与税の納税猶予制度の適用があるのは、
　①　認定医療法人の持分保有者がその持分を放棄した場合において、残存出資者（受贈者）が享受する経済的利益に対して課される贈与税に係る納税猶予・免除制度（受贈者が申告期限後移行期限までに持分全部

の放棄を行う場合、措法70の7の5①)、および、

② 個人が認定医療法人の持分を放棄した場合における残存出資者への贈与税に係る税額控除制度(受贈者が申告期限前に持分全部の放棄を行う場合、措法70の7の6①)

の2類型です。

したがって、一般の非上場会社の場合の、非上場株式等についての贈与税の納税猶予および免除制度と比較すると、適用対象が限定されていることにご留意ください。

2 持分贈与に係る納税猶予の適用の可否

本件のように、それまで親が後継者である子に経過措置型医療法人の持分の贈与を行い、受贈者(子)が当該贈与に係る贈与税(暦年課税)の申告を行っているケースで、その後当該経過措置型医療法人が認定医療法人となったとき、当該認定医療法人の出資持分を子に贈与した場合に、当該贈与に係る贈与税について納税猶予の適用があるかが問題となります。

これについては上記1でみたとおり、認定医療法人に係る贈与税の納税猶予制度の適用があるのは、認定医療法人の持分保有者がその持分を放棄したときにおいて、残存出資者である受贈者が持分全部の放棄を行う場合に限定されますので、本件は要件を満たさず、適用対象外となるものと考えられます。

第2節　認定医療法人制度の実務

Q1-14 認定医療法人に係る相続税の納税猶予制度の計算は？

　これまでの説明で制度の概要はおおむね理解できました。それでは、認定医療法人に係る相続税の納税猶予制度について、以下の具体的な計算事例に即して説明してください。
【設例】
・被相続人の相続財産：医療法人持分7億円（出資額2,000万円）およびその他の財産3億円
・相続人：長男（後継者）および長女
・長男の相続財産：医療法人持分7億円およびその他の財産1億円
・長女の相続財産：その他の財産2億円

　以下の解説のとおりとなります。なお、相続の発生が平成26年12月31日までの場合と平成27年1月1日以降の場合とで税額が異なる可能性がありますので、ご注意ください。

解説

1　平成26年12月31日までに発生した相続の場合

【通常の相続税額の計算】
①　課税財産額
　（7億円＋3億円）－（5,000万円＋1,000万円×2人）＝9億3,000万円
②　相続税の総額
　$9億3,000万円 \times \frac{1}{2} = 4億6,500万円$

47

4億6,500万円×50％－4,700万円＝1億8,550万円

1億8,550万円×2人＝3億7,100万円

③　各相続人の相続税額

ア．長男

3億7,100万円×（7億円＋1億円）／10億円＝2億9,680万円

イ．長女

3億7,100万円×2億円／10億円＝7,420万円

【納税猶予分の計算】

①　課税財産額

医療法人持分7億円＋長女取得分2億円＝9億円

➡長男は医療法人持分のみ相続したものとして計算します（長女の取得分は不変）。

9億円－（5,000万円＋1,000万円×2人）＝8億3,000万円

②　相続税の総額

8億3,000万円×$\frac{1}{2}$＝4億1,500万円

4億1,500万円×50％－4,700万円＝1億6,050万円

1億6,050万円×2人＝3億2,100万円

③　長男の相続税額

ア．長男の納税猶予分の相続税額

3億2,100万円×7億円／9億円＝<u>2億4,967万円</u>

イ．長男の納付税額

2億9,680万円－2億4,967万円＝<u>4,713万円</u>

要するに、当該制度の適用により、長男は医療法人持分相当額（7億円）について相続税の納税が猶予され、その他の財産分（1億円）のみ相続税を納付すればよいということとなります。

2　平成27年1月1日以降に発生した相続の場合

【通常の相続税額の計算】

① 課税財産額

（7億円＋3億円）－ (3,000万円＋600万円×2人) ＝9億5,800万円

　　　　　　　　　　基礎控除が4割減少している

② 相続税の総額

9億5,800万円×$\frac{1}{2}$＝4億7,900万円

4億7,900万円× 50％ －4,200万円 ＝1億9,750万円

　　　　　　　相続税の税率構造の変更

1億9,750万円×2人＝3億9,500万円

③ 各相続人の相続税額

　ア．長男

　　3億9,500万円×（7億円＋1億円）／10億円＝3億1,600万円

　イ．長女

　　3億9,500万円×2億円／10億円＝7,900万円

【納税猶予分の計算】

① 課税財産額

医療法人持分7億円＋長女取得分2億円＝9億円

➡長男は医療法人持分のみ相続したものとして計算します（長女の取得分は不変）。

9億円－（3,000万円＋600万円×2人）＝8億5,800万円

② 相続税の総額

8億5,800万円×$\frac{1}{2}$＝4億2,900万円

4億2,900万円×50％－4,200万円＝1億7,250万円

1億7,250万円×2人＝3億4,500万円

③ 長男の相続税額

ア．長男の納税猶予分の相続税額
　　3億4,500万円×7億円／9億円＝2億6,833万円
　イ．長男の納付税額
　　3億1,600万円－2億6,833万円＝4,767万円

　平成27年1月1日以降に発生した相続の場合、それ以前と比較すると、基礎控除が4割減となった影響により相続税額（納付税額）が54万円増加していることにご留意ください。

-15　認定医療法人に係る贈与税の納税猶予制度の計算は？

　Ｑ１－14により相続税の納税猶予制度のイメージはつかめました。それでは、認定医療法人に係る贈与税の納税猶予制度について、以下の具体的な計算事例に即して説明してください。
【設例】
- 認定医療法人の出資者：理事長（長男）および社員Ａ（次男）
- 社員Ａ（次男）が持分を放棄して退社
- 出資口数：長男10万口、次男5万口
- 出資持分の時価：長男5億円、次男2.5億円
- 同年中に他の贈与なし

　以下の解説のとおりとなります。なお、みなし贈与の発生が平成26年12月31日までの場合と平成27年1月1日以降の場合とで税額が異なる可能性がありますので、ご注意ください。

解説

1　平成26年12月31日までに発生したみなし贈与の場合

【通常の贈与税（暦年課税）の計算】
①　課税財産額
　2億5,000万円（みなし贈与額）－110万円＝2億4,890万円
②　贈与税額
　2億4,890万円×50％－225万円＝1億2,220万円

③ 納税猶予額

➡他に贈与がないため、上記贈与税額が納税猶予額となります。

∴ 1億2,220万円

④ 納付税額

1億2,220万円（贈与税額）− 1億2,220万円（納税猶予額）＝ 0

なお、長男が移行計画の期限までに認定医療法人の持分全部を放棄した場合には、猶予税額が免除されます。

2 平成27年1月1日以降に発生したみなし贈与の場合

【通常の贈与税（暦年課税）の計算】

① 課税財産額

2億5,000万円（みなし贈与額）− 110万円 ＝ 2億4,890万円

② 贈与税額

2億4,890万円×<u>55％ − 400万円</u>＝ 1億3,290万円

　　　　　　　　贈与税の税率構造の変更

③ 納税猶予額

➡他に贈与がないため、上記贈与税額が納税猶予額となります。

∴ 1億3,290万円

④ 納付税額

1億3,290万円（贈与税額）− 1億3,290万円（納税猶予額）＝ 0

Q1-16 認定医療法人に係る相続税・贈与税の納税猶予の適用を受けるかどうかの判断基準は？

　私は医療法人を顧問にもつ税理士です。ここ数年来懸案であった、持分ありの医療法人の持分なしの医療法人への移行に係る課税問題は、認定医療法人に係る相続税・贈与税の納税猶予制度の導入で一応の解決をみたというのが大方の見方です。ただし一方で、いくら自主的なものとはいえ、財産性のある資産である出資持分の放棄を要件とするのは、やや腑に落ちないところです。持分ありの医療法人の出資者が、認定医療法人に係る相続税・贈与税の納税猶予の適用を受けるかどうかを判断するときの基準があったら教えてください。

　医療政策の大きな方向性を勘案すれば、財産性を重視し医療法人の形態を持分ありのままで行う事業承継には、一定の税負担を覚悟せざるを得ないものと考えられます。

解説

1　事業承継の観点からみた認定医療法人に係る相続税・贈与税の納税猶予制度の意義

　平成26年度の税制改正で導入された「認定医療法人に係る相続税・贈与税の納税猶予制度」は、経過措置型医療法人である持分ありの医療法人から非営利性が担保される持分なしの医療法人への円滑な移行を促すため、税制上の障害（特にみなし贈与課税）を除去しようという意義をもつものです。持分なしの医療法人へ移行すれば、基金拠出型医療法人の基金部分を除けば相続財産に含まれる出資持分が存在しないため、事業承継の最大の障害となり得る相続税の問題が生じず、事業承継が円滑に行われること

が期待されるところです。

また、「持分なし」への移行は、出資持分の払戻というキャッシュフロー上の大きなリスクを回避するという意味でも、医療法人の経営上有意義であるといえます。

2　財産性のある出資持分の承継

さて、**1**の納税猶予制度の導入に対する「問題点」として指摘されるのは、納税猶予の適用のために、財産性のある資産である医療法人の出資持分の「放棄」を要件とする点についてです。剰余金が蓄積された医療法人の出資持分の時価は出資金額の何倍にも膨れ上がるため、それをみすみす放棄するのは「もったいない」というのが人情ではないか、という指摘があります。

実際、四病院団体協議会の調査（平成23年4月「医療法人の現状と課題に関するアンケート調査報告書」）でも、持分の定めのある社団医療法人のうち61.7％が持分の定めのない社団医療法人に移行する「意向がない」と回答しています。その理由として、「出資持分はオーナーシップの源泉であり、放棄できない」（36.5％）、「相続税を払っても子孫に承継させたいため」（32.3％）、「同族経営を維持したいため」（31.0％）といった意見が上位にあることが注目されます。

これについては**Q1-5**でも指摘したとおり、第5次医療法改正以後、「医療の非営利性」の原則[6]（「建前に過ぎない」という批判も根強いですが）を貫徹するという医療政策の方向性を勘案すれば、それに反するような租税政策を採用すること[7]は極めて非合理的といわざるを得ないでしょう。したがって、一部で待望論が聞かれる、医療法人に営利法人の事業承継に

---

[6]　ただし、非営利性を強調するのであれば、法人税法上、社会医療法人以外には認められていない「公益法人等扱い（収益事業のみ課税）」の医療法人全般への適用可能性について、今後議論すべきであると考える。

対する施策である「取引相場のない株式等に係る相続税・贈与税の納税猶予制度」（措法70の7、70の7の2）と同等の制度の導入を要求しても、実現する可能性は極めて低いと考えるのが自然と思われます。

3 判断基準

したがって、財産性のある資産である医療法人の出資持分の放棄は「とても容認できない」ということであれば、相続税の負担はある程度覚悟し、退任する理事長や理事への退職金の支払いといった持分の評価額引下げの対策を行う他、あらかじめ相続税の納税資金の準備等を行う必要があるでしょう。

仮に上記について目途がつかないのであれば、多少不満であっても納税猶予制度の適用を受けるため、認定医療法人の認定を目指すべきでしょう。時間は限られていますので、早急な検討および対応が肝要と思われます。

---

[7] もちろん、課税の公平に反するといった租税法上の価値判断に照らして独自の（医療政策に反する）対応をとることもあり得るが、営利法人と非営利法人とを公平に扱うべきとまでは必ずしもいえないであろう。そうであれば、原則どおり、財産性のあるものは相続税の課税財産に取り込むということになる。

Q1-17 認定医療法人に係る移行計画で移行後の新医療法人としてどのような形態のものが認められるのか？

私は持分ありの医療法人に事務長として勤務する者です。理事長の命により、今般の税制改正で導入された認定医療法人制度の適用に向けて準備していますが、認定医療法人が最終的に行き着く先である新医療法人には、どのような形態があるのでしょうか、教えてください。

新医療法人の形態としては、社会医療法人、特定医療法人、基金拠出型医療法人またはその他の持分の定めのない社団・財団医療法人が考えられます。

解説

1 新医療法人への移行

認定医療法人に係る相続税・贈与税の納税猶予の適用を受けるためには、医療法人の定款を変更するとともに、移行計画を作成し、その計画につき厚生労働大臣の認定を受ける必要があります。

改正医療法附則第10条の3第2項によれば、移行計画により移行する新医療法人として、以下の4形態が挙げられています。

① 社会医療法人（医療法42の2①）
② 特定医療法人（措法67の2①）
③ 基金拠出型医療法人
④ その他の医療法人

上記のうち、④は持分の定めのない医療法人をいい、具体的には持分の

定めのない社団医療法人および財団医療法人をいいます。これを図示したのが以下の**図表1-14**です。

図表1-14　新医療法人への移行計画

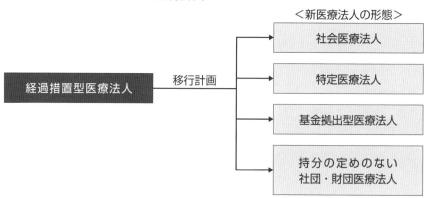

2　実際の選択肢

　医療法上、新医療法人の選択肢は上記**1**で掲げた4形態となりますが、持分なしの医療法人の多くを占めるいわゆる「一人医師医療法人」の場合、比較的規模の大きい社会医療法人（**Q2-26**参照）または特定医療法人（**Q2-32**参照）への移行は現実的な選択肢とはいえないでしょう。

　そのため、財産権をある程度重視する場合には、返還義務を負う基金制度を有する基金拠出型医療法人への移行が第一の選択肢ではないかと考えられます。ただし、**Q1-10**で説明したとおり、基金部分には納税猶予制度の適用はないことにご留意ください。財産権にあまりこだわらない場合には、持分の定めのない社団医療法人および財団医療法人を選択することとなるでしょう。

3　「相続税等負担の不当減少」テスト

　上記**1**の③および④を選択した場合留意すべきは、認定制度の適用を

受け贈与税の申告を行う時点において、「相続税等負担の不当減少」（相法66④、相令33③）がないかチェックしなければならないという点です。社会医療法人や特定医療法人は、当該テストをクリアしないと認定されません。

「相続税等負担の不当減少」の判断基準は**Q2-14**にて詳述していますが、仮に以下のような事実が認められる場合には、医療法人に贈与税が課されることとなり、移行計画が台なしになってしまいます。

① 親族に対して勤務実態からみて高額の役員報酬を支給している。
② 診療等に使用しない高級外車を役員車としている。
③ ゴルフ会員権やリゾート施設利用権を役員が私的に利用している。
④ 医療法人が役員との間で特別な利益等を供与する目的で契約を締結している。
⑤ 医療法人が親族の経営する法人との間で特別な利益等を供与する目的で契約を締結している。

第3節 認定医療法人制度の移行に係る手続

Q1-18 持分なしの医療法人への移行準備にはどのようなことがあるか？

私は出資持分ありの医療法人の理事長で、現在認定医療法人制度を利用して持分なしの医療法人への移行を検討している者です。持分なしの医療法人への移行計画の認定制度について、その事前準備をどのように行えばよいのでしょうか、教えてください。

認定医療法人制度を利用して持分なしの医療法人への移行を検討される場合、十分に時間をかけて事前準備を行うことが、スムーズな移行への鍵となります。

解説

1 持分なしの医療法人への移行

2014年10月から認定医療法人制度が導入されたため、持分なしの医療法人への移行については、まず当該制度を利用することが検討対象となるものと考えられますが、その前に、持分ありから持分なし医療法人への移行は、医療政策の方向性からいって望ましいとはいうものの、決して強制ではなく、各医療法人の任意であることを理解する必要があるでしょう。

また、持分なしの医療法人への移行については、まず認定医療法人制度を利用することが検討対象となるものと考えられますが、必ずしも当該制度を利用すべきというものでもありません。課税問題が生じないのであれば、認定医療法人制度を利用することなく、単に定款変更で持分なしの医療法人へ移行するという方法を採るのが簡便であるといえるでしょう。事前の十分な検討が肝要というわけです。

2　持分なしの医療法人への移行に係る事前準備

認定医療法人制度を利用して持分なしの医療法人への移行を検討される場合、十分に時間をかけて事前準備を行うことが、スムーズな移行への鍵となります。

厚生労働省が平成26年9月に公表した「『持分なし医療法人』への移行に関する手引書」によれば、事前準備として以下のようなステップを踏むことになるのではないかと想定されています。

(1)　**ステップ1**

医療法人内での検討体制を整備します。具体的には、移行検討委員会の立ち上げや担当理事の選任等を行います。

(2)　**ステップ2**

上記検討体制の下で、出資持分なしの医療法人への移行に関する基礎的な事項を検討します。

まず、移行を予定する持分なしの医療法人の法人類型（社会医療法人、特定医療法人、基金拠出型医療法人、その他の持分なし医療法人）の検討を行います。

次に、公認会計士、税理士、医業経営に実績があるコンサルティング会社等を交えた各種シミュレーションを実施します。ここでいう「各種シミュレーション」には以下のようなものが挙げられます。

　① 医療法人が有する資産の評価

②　移行する場合、しない場合の税制面等のメリット・デメリットの検討
③　移行スケジュールの策定　等

　移行を予定する持分なしの医療法人の法人類型のうち、社会医療法人に移行する場合は実績要件等の基準を満たす必要があること、特定医療法人に移行する場合には国税庁の審査をクリアする必要があること等、基金拠出型医療法人やその他の持分なし医療法人に移行するケース以上に、移行のハードルは高くなります。したがって、準備期間も含めて無理のない移行スケジュールを策定する必要があります。

　また、移行計画の認定は１回限りです。認定後に取消しとなることがないよう、十分検討した上で申請する必要があります。

⑶　**ステップ３**

　医療法人関係者への事前説明を行います。すなわち、現在の出資者に対して、出資持分なしの医療法人への移行に関する事前説明と持分放棄の意向確認を行います。

Q1-19 持分なしの医療法人への移行計画の認定手続はどうなっているのか？

Q1-18で、持分なしの医療法人への移行計画の認定制度に関し、その事前準備をどのように行えばよいのかについては、おおむね理解できました。それでは、持分なしの医療法人への移行計画の認定手続はどうなっているのでしょうか、教えてください。

持分なしの医療法人への移行を希望する医療法人で、税制措置や融資制度を利用する場合は、移行計画の申請および移行計画の認定を受けた旨を記載した定款への変更手続が必要となります。

解説

1 移行計画の認定

持分ありから持分なしの医療法人への移行を希望する医療法人で、税制上の措置や融資制度を利用する場合は、移行計画の申請および移行計画の認定を受けた旨を記載した定款への変更手続が必要となります。

2 移行計画の認定手続

厚生労働省が平成26年9月に公表した「『持分なし医療法人』への移行に関する手引書」第2章第2節「移行計画の認定」によれば、移行計画の認定手続は以下のようなステップを踏むことになるのではないかと想定されています。

(1) ステップ1

① 社員総会の議決

　移行計画の申請について、まず社員総会で議決を得ることとします。当該社員総会では、後述ステップ２の定款変更についても同時に議決を得るようにします。

② 移行計画の申請

　厚生労働大臣あてに移行計画の申請を行います。なお、このとき都道府県は経由せず、直接厚生労働省に申請書を提出してください。

③ 申請時の必要書類

　上記移行計画申請時の必要書類は以下のとおりです。

ア．移行計画認定申請書（附則様式第１）

イ．移行計画（附則様式第２）

ウ．出資者名簿（附則様式第３）

エ．定款（案）（移行計画の認定を受けた認定医療法人である旨を記載したもの）および新旧対照表

オ．社員総会の議事録

カ．直近に終了した３会計年度（医療法上の会計年度をいう）の貸借対照表および損益計算書

④ その他

　移行計画の認定にあたって、事務を円滑に進めるため、事務担当者の連絡先等について、別紙１（記載例は後掲の**図表１－15参照**）を併せて提出する必要があります。

(2) **ステップ２**

定款変更を行います。

① 社員総会の議決

　移行計画の認定を受けた認定医療法人である旨を記載した定款への変更について、社員総会で議決を得ることとします。実務的には、当該定款変更については、(1)のステップ１①の「移行計画」と同時に社

員総会にて議決を得ることとなるでしょう。
② 定款変更の申請
　厚生労働省から移行計画の認定通知書を受理したら、速やかに都道府県知事あてに定款変更の申請を行います。
③ 申請時の必要書類
　定款変更の申請にあたっての必要書類は以下のとおりです。
　ア．定款（案）（移行計画の認定を受けた認定医療法人である旨を記載したもの、定款例（**図表1-16**）参照）および新旧対照表
　イ．社員総会の議事録
　ウ．移行計画の認定通知書の写し
④ 厚生労働大臣への報告
　定款変更の認可を受けた場合は、厚生労働大臣あてに報告する必要があります。
　なお、定款の作成にあたっては、現行の定款に**図表1-16**のような条項を入れることとなります。

図表1-15　別紙1の記載例

```
　　　　　持分なし医療法人への移行促進策に係る事務担当者連絡先

1　医療法人名：医療法人社団渋谷会
2　担当者職名：笹塚病院事務長
3　担当者氏名：鈴木一郎
4　電話番号：03-0000-0000（内線0000）
　　　　　　　03-0000-0000（直通）
5　FAX番号：03-0000-0000
6　メールアドレス：abc_defg@hijk.co.jp
7　その他特記事項：担当者不在時の応答者　佐藤太郎（事務長補佐）
```

図表1-16　認定医療法人の定款例（挿入すべき条項のみ記載）

第9章　持分の定めのない医療法人への移行
第36条　本社団は、移行計画の認定を受けた認定医療法人である。
2　租税特別措置法に基づく相続税・贈与税の納税猶予を受けていた社員（本社団の出資持分を当該納税猶予等に係る担保として提供している者に限る。）について、納税猶予分の税額の猶予期限が確定し、納付義務が生じたにも関わらず、これを履行しなかった場合、第9条の規定（注：社員資格を喪失した者の払戻請求権）に関わらず、本社団は担保権者の払戻し請求に応じるものとする。

第10章　雑則
第37条　本社団の公告は、官報（及び○○新聞）によって行う。
第38条　この定款の施行細則は、理事会及び社員総会の議決を経て定める。

-20 認定医療法人となった場合の実施状況報告とはどういうものなのか？

持分のない医療法人が認定医療法人となった場合、厚生労働大臣に対して実施状況報告が必要になると聞きました。この「実施状況報告」とはどういうものをいうのでしょうか、その内容について教えてください。

認定医療法人は移行計画に基づく移行の実施期間中において、その計画の進捗状況等を記載した書面を厚生労働大臣に提出することが求められていますが、これを「実施状況報告」といいます。

解説

1 実施状況報告とは

持分なしの医療法人が認定医療法人となった場合、厚生労働大臣に対して、以下のような各ケースにおいてその旨の報告を行う必要がありますが、これを一般に「実施状況報告」といいます（医療法附則10の8）。

(1) 認定医療法人に係る定款変更の認可を受けた場合

移行計画の認定を受けた認定医療法人である旨を記載した定款変更について、都道府県知事の認可を受けた場合（医療法施行規則附則60条②）。

(2) 認定を受けてから1年を経過した場合

認定を受けてから2年間、認定を受けた日から1年を経過するごとに、持分なし医療法人への移行の進捗状況を報告する必要があります（医療法施行規則附則60①）。

(3) 出資持分の処分を行った場合

放棄、払戻、譲渡、相続、贈与等により、出資持分の処分が生じた場合（医療法施行規則附則60③）。

(4) 持分なしの医療法人への移行に係る定款変更の認可を受けた場合

持分なしの医療法人（新医療法人）への移行に係る定款変更について、都道府県知事の認可を受けた場合（医療法施行規則附則60②）。

2 報告の流れ

厚生労働省が平成26年9月に公表した「『持分なし医療法人』への移行に関する手引書」第2章第5節「実施状況報告」によれば、当該報告の流れはおおむね以下のとおりとなります。

(1) ステップ1

上記 **1** の(1)〜(4)の状況が生じてから3か月以内に、厚生労働大臣あてに実施状況報告を行います。

(2) ステップ2

実施状況報告にあたっての必要書類は、以下のとおりです。

① (1)〜(4)に共通して要するもの
　ア．実施状況報告書（附則様式第5）
② (1)および(4)の場合に要するもの
　イ．定款および新旧対照表
　ウ．定款変更の認可書の写し
③ (3)の場合に要するもの
　エ．出資者名簿（附則様式第3）
　オ．出資持分の状況報告書（附則様式第6）
　カ．出資持分の放棄申出書（附則様式第7）の写し

なお、上記カ．は、持分の放棄があった場合にのみ提出する必要があります。

3 実施状況報告書の記載例

実施状況報告書の記載例は**図表 1 – 17**のとおりです。

図表 1 – 17　実施状況報告書の記載例

附則様式第 5 （附則第60条第 1 項から第 3 項まで関係）

実施状況報告書

平成28年12月 1 日

厚生労働大臣　殿

　　　　　　　　　　　　　　法人所在地：東京都渋谷区笹塚 1 － 1 － X
　　　　　　　　　　　　　　法人名：医療法人社団笹塚会
　　　　　　　　　　　　　　代表者の氏名：理事長　斎藤太郎　印

　良質な医療を提供する体制の確立を図るための医療法等の一部を改正する法律附則第10条の 8 の規定により、下記のとおり移行計画の実施状況を報告します。

記

1 　実施状況報告の種別
　　　　　（○）医療法施行規則附則第60条第 1 項に基づく報告
　　　　　（　）同条第 2 項に基づく報告
　　　　　　　（移行計画の認定を受けた旨の定款変更）
　　　　　（　）同条第 2 項に基づく報告
　　　　　　　（新医療法人へ移行する旨の定款変更）
　　　　　（　）同条第 3 項に基づく報告

2 　報告が必要となった理由が生じた日　　平成28年11月 1 日

3 　新医療法人への移行の進捗状況等
　・平成28年 1 月～
　　出資者への持分放棄の調整中
　　出資持分払戻の資金調達の検討中
　・平成28年 7 月
　　経営安定化資金の申請

第 3 節　認定医療法人制度の移行に係る手続

Q1-21　持分なしの医療法人への移行に関し最終的に必要な手続にはどのようなものがあるのか？

持分のない医療法人が認定医療法人となった場合の、移行期間における厚生労働大臣に対する実施状況報告については、Q1‐20でおおむね理解できました。それでは、持分なしの医療法人への移行に関し最終的に必要な手続にはどのようなものがあるのでしょうか、教えてください。

持分なしの医療法人への移行を完了させるためには、都道府県知事あてに持分なしの医療法人への定款変更の申請、および厚生労働大臣あての移行完了報告に係る手続が必要になります。

解説

1　持分なしの医療法人への移行完了に向けた手続

持分なしの医療法人への移行完了に向けた手続としては、以下の2つが必要になります。

①　都道府県知事あての持分なしの医療法人への「定款変更の申請」
②　厚生労働大臣あての「移行完了報告」

2　手続のステップ

厚生労働省が平成26年9月に公表した「『持分なし医療法人』への移行に関する手引書」第2章第6節「持分なし医療法人への移行完了」によれば、持分なしの医療法人への移行に関し最終的に必要な手続は以下のとお

りとなります。

(1) **ステップ1**

移行完了のための、都道府県知事あての定款変更の申請手続は以下のとおりです。

① 持分なし医療法人への移行のための定款変更について、社員総会で議決を得る
② 都道府県知事あてに定款変更の申請を行う。
③ 報告にあたって以下の必要書類をそろえる。
　ア．定款および新旧対照表
　イ．社員総会の議事録

(2) **ステップ2**

持分なし医療法人への移行完了報告手続は、以下のとおりです。

① 厚生労働大臣あてに実施状況報告書（附則様式第5）を提出する。
② 報告にあたって以下の必要書類をそろえる。
　ア．出資持分の状況報告書（附則様式第6）
　イ．都道府県知事の定款変更認可書の写し
　ウ．定款および新旧対照表
　エ．社員総会の議事録

3　出資持分の状況報告書の記載例

出資持分の状況報告書（附則様式第6）の記載例は**図表1－18**のとおりです。

第3節　認定医療法人制度の移行に係る手続

図表1-18　出資持分の状況報告書（附則様式第6）の記載例

附則様式第6（附則第60条第3項第2号関係）

出資持分の状況報告書

法人名：医療法人社団◇◇会

No.	出資者名	出資額 A	出資持分評価額 B	出資割合(%) C	持分放棄額 D	持分払戻額 E	持分譲渡額 F	基金拠出額 G	合計 D+E+F+G=H
1	△△△△	5,000,000円	250,000,000円	50.00%	245,000,000円	円	円	5,000,000円	250,000,000円
2	△△○○	1,000,000円	50,000,000円	10.00%	49,000,000円	円	円	1,000,000円	50,000,000円
3	△△□□	1,000,000円	50,000,000円	10.00%	49,000,000円	円	円	1,000,000円	50,000,000円
4	△△◇◇	1,000,000円	50,000,000円	10.00%	49,000,000円	円	円	1,000,000円	50,000,000円
5	○○○○	1,000,000円	50,000,000円	10.00%	49,000,000円	円	円	1,000,000円	50,000,000円
6	○○△△	1,000,000円	50,000,000円	10.00%	49,000,000円	円	円	1,000,000円	50,000,000円
7		円	円	%	円	円	円	円	円
8		円	円	%	円	円	円	円	円
9		円	円	%	円	円	円	円	円
10		円	円	%	円	円	円	円	円
11		円	円	%	円	円	円	円	円
12		円	円	%	円	円	円	円	円
13		円	円	%	円	円	円	円	円
14		円	円	%	円	円	円	円	円
15		円	円	%	円	円	円	円	円
16		円	円	%	円	円	円	円	円
17		円	円	%	円	円	円	円	円
18		円	円	%	円	円	円	円	円
19		円	円	%	円	円	円	円	円
20		円	円	%	円	円	円	円	円
計		10,000,000円	500,000,000円	100.00%	490,000,000円	円	円	10,000,000円	500,000,000円

出資持分の放棄・払戻・譲渡・相続・贈与・基金拠出の内容等

出資者全員が持分放棄に同意し、出資額部分を基金に振り替えた。

注：「出資持分の放棄・払戻・譲渡・相続・贈与・基金拠出の内容等」欄には、異動の日付け、内容、理由等について具体的に記載すること。

-22 移行計画認定申請書はどのように作成するのか？

> Q1-19で、移行計画について社員総会の議決を経たのちに、その計画認定申請書を厚生労働大臣に対して申請するということがわかりました。それでは、当該申請書はどのように作成するのでしょうか、教えてください。
>
>
>
> 移行計画申請時には、移行計画認定申請書（附則様式第1）の他、移行計画（附則様式第2）および出資者名簿（附則様式第3）を作成して、厚生労働大臣に提出する必要があります。

解説

1 移行計画申請時に必要な書類

すでにQ1-19で説明しましたが、持分ありから持分なしの医療法人への移行を希望する医療法人が厚生労働大臣あてに提出する、移行計画申請時の必要書類は以下のとおりです。

① 移行計画認定申請書（附則様式第1）
② 移行計画（附則様式第2）
③ 出資者名簿（附則様式第3）
④ 定款（案）（移行計画の認定を受けた認定医療法人である旨を記載したもの）および新旧対照表
⑤ 社員総会の議事録
⑥ 直近に終了した3会計年度（医療法上の会計年度をいう）の貸借対

表および損益計算書

2 移行計画認定申請書等の記載例

移行計画認定申請書（附則様式第１）、移行計画（附則様式第２）および出資者名簿（附則様式第３）の記載例は**図表１-19 ～ １-21**のとおりです。

図表１-19　移行計画認定申請書（附則様式第１）の記載例

附則様式第１（附則第56条第１項関係）

移行計画認定申請書

平成27年10月１日

厚生労働大臣　殿

　　　　　　　　　　　　　　　法人所在地：東京都渋谷区笹塚２－１－Ｘ
　　　　　　　　　　　　　　　法人名：医療法人社団幡代会
　　　　　　　　　　　　　　　代表者の氏名：理事長　佐藤一郎　印

　良質な医療を提供する体制の確立を図るための医療法等の一部を改正する法律附則第10条の３第１項の認定を受けたいので、下記のとおり申請します。

記

１　法人の設立年月日　　平成６年４月１日

２　法人が開設する病院・診療所・介護老人保健施設名等

医療機関等の名称	所在地
笹塚病院	東京都渋谷区笹塚２－１－Ｘ
幡ヶ谷診療所	東京都渋谷区幡ヶ谷１－１－Ｘ
介護老人保健施設にしはら苑	東京都渋谷区西原１－１－Ｘ

３　現在の法人類型
（　）イ　出資額限度法人
（○）ロ　出資額限度法人以外の医療法人

図表1-20 移行計画（附則様式第2）の記載要領

附則様式第2（附則第56条第2項関係）

移行計画

平成27年10月1日

法人所在地：東京都渋谷区笹塚2－1－X
法人名：医療法人社団幡代会
代表者の氏名：理事長　佐藤一郎　印

記

1　移行しようとする法人類型
（　）イ　社会医療法人
（　）ロ　特定医療法人
（○）ハ　基金拠出型医療法人
（　）ニ　イからハまでに掲げる医療法人以外の医療法人

2　移行に向けた取組の内容

- 平成26年10月〜
  移行検討委員会の立ち上げ
  法人資産と各出資者の持分の算定
  移行に係るメリット・デメリットについての検討
  相続税および贈与税の試算
  出資者への移行の説明と持分放棄の意向確認
- 平成27年8月
  社員総会の開催：移行計画の申請、移行計画の認定を受けた認定医療法人である旨を記載した定款への変更について議決
- 平成27年10月
  移行計画の申請
  定款変更の申請
- 平成28年1月〜（予定）
  出資者への持分放棄の調整
  出資持分払戻の資金調達の検討
- 平成28年7月（予定）
  経営安定化資金の申請

- 平成30年6月（予定）
  社員総会の開催：持分なし医療法人への移行について議決
- 平成30年9月
  持分なし医療法人への移行完了

3　移行に向けた検討の体制

- 移行検討委員会
  社員（理事を含む）4名および顧問税理士、顧問弁護士の6名で構成
  原則月1回開催
  移行のメリット・デメリットについての検討
  出資者への移行の説明と持分放棄の意向確認（対応者：担当理事、顧問税理士および顧問弁護士）
  検討内容の社員総会への報告
- 担当理事：鈴木　太郎

4　出資持分の放棄または払戻の見込み

出資者数　　　　　：6人 持分放棄の見込み：6人（全部放棄：6人、一部放棄：人） 持分払戻の見込み：0人（全部払戻：人、一部払戻：人） 持分払戻見込み額：0円
基金拠出型医療法人へ移行する場合 基金拠出予定者数：6人 基金拠出予定総額：1,000万円

※1）持分の一部を放棄し、一部を払戻する出資者については、「持分放棄の見込み」および「持分払戻の見込み」の「一部払戻」の欄に、それぞれ記載すること。

5　移行の期限

平成30年9月30日まで

6　融資制度利用の見込み

利用の見込み　（　）有・（○）無
融資申請予定額：－万円

7　合併の見込み

合併の見込み　（○）有・（　）無	
合併の方式　　（○）吸収合併・（　）新設合併	
吸収合併の場合の法人の状況　（○）存続・（　）消滅	
合併の相手方　法人所在地　東京都杉並区方南3－4－5－6	
法人名　医療法人社団丸の内会	
代表者の氏名　田中　晃	
合併の時期　　平成30年4月頃	

図表1-21　出資者名簿（附則様式第3）の記載要領

附則様式第3（附則第57条第2項関係）

出 資 者 名 簿

法人名：医療法人社団本町会
代表者の氏名：理事長　伊藤一郎
平成27年10月1日現在

No.	出資者の氏名又は名称	住　所	出資年月日	出資金額	持分放棄の見込み
1	A	東京都渋谷区〇〇1-2-3	平成2年3月	5,000,000円	有・無
2	B	東京都渋谷区△△2-2-3	平成2年3月	1,000,000円	有・無
3	C	東京都渋谷区〇〇2-4-3	平成2年3月	1,000,000円	有・無
4	D	東京都渋谷区〇〇1-7-3	平成2年3月	1,000,000円	有・無
5	E	東京都渋谷区□〇1-9-3	平成2年3月	1,000,000円	有・無
6	F	東京都渋谷区△△1-7-1	平成2年3月	1,000,000円	有・無
7				円	有・無
8				円	有・無
9				円	有・無
10				円	有・無
11				円	有・無
12				円	有・無
13				円	有・無
14				円	有・無
15				円	有・無
		合計		10,000,000円	

注　出資持分の放棄、払戻、譲渡、相続、贈与があった場合は、出資者名簿の書き換えを行うこと。

-23 出資持分の放棄はどのように行うのか？

　私の経営する医療法人は現在、持分なしの医療法人への移行手続中ですが、先日立ち上げた移行検討委員会が出資者に出資持分につき聞き取りによる意向確認を行ったところ、全員から放棄する旨の回答を得ました。それでは、出資持分の放棄は実際にはどのように行うのでしょうか、教えてください。

　認定医療法人において、持分なしの医療法人への移行のため出資者がその持分の放棄を行うときには、原則として「放棄申出書」により行うことが望ましいと考えられます。

解説

1　出資者による出資持分の放棄手続

　持分なしの医療法人への移行期限までに出資者がその持分を放棄した場合、猶予税額の免除の手続を行うことができます。厚生労働省が平成26年9月に公表した「『持分なし医療法人』への移行に関する手引書」第3章第4節「猶予税額免除の手続き」によれば、その際の手続は以下の手順で行うこととされています。

(1)　**ステップ1**

　医療法人において準備すべき書類は以下のとおりです。

　①　放棄申出書（医療法人に提出したもの）の写し
　②　出資者名簿の写し（放棄の直前および放棄の後のもの）

図表1-22 納税猶予における担保提供手続のイメージ

○設定時

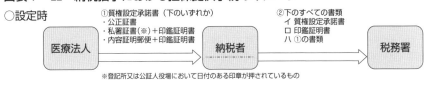

○解除時

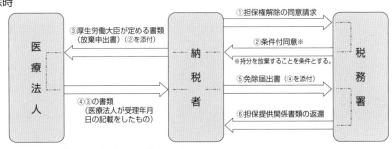

(出典) 財務省編『平成26年度改正税法のすべて』620頁

③ 基金拠出型医療法人の定款の写し、基金拠出の直前において有していた持分の時価評価の評価書（評価証明書）

基金拠出型医療法人へ移行した場合、猶予税額のうち基金に拠出した額に対応する猶予税額と利子税を合わせて納付しなければならず、放棄した額に対応する猶予税額が免除されます。この場合、上記①および②の書類に加え、③が必要となりますので、医療法人は出資者の求めに応じるために準備する必要があります。

(2) **ステップ2**

出資の放棄を行った者が税務署への猶予税額免除の申請手続に必要な書類等は、以下のとおりです。

① 免除の届出書
② ステップ1で医療法人から交付された書類
③ 納税猶予時に担保提供した持分や資産について、担保権解除の手続に必要な書類

猶予税額免除の手続の際に、納税猶予時に担保提供した持分や資産について、担保権解除の手続も併せて行います。その際に必要な書類や手続等については、**図表1-22**を参考にしてください。

2 放棄申出書の記載要領

認定医療法人において、出資者がその持分の放棄を行うときには、強制ではありませんが手続の円滑な進行の観点から、原則として「放棄申出書」により行うことが望ましいと考えられます。

出資の放棄を行う者が医療法人に提出すべき放棄申出書の記載例は、**図表1-23**のとおりです。

図表1-23　出資持分の放棄申出書（附則様式第7）の記載例

```
附則様式第7

                    出資持分の放棄申出書

                                              平成28年7月1日

法人所在地：東京都渋谷区本町1－1－X
法人名：医療法人社団本町会
代表者の氏名：理事長　石川次郎　殿

          ┌──────────┐      住所：東京都渋谷区西原1－2－X
          │印鑑登録された│      氏名：田中五郎　㊞
          │印鑑を使用する│
          └──────────┘

　私は、下記のとおり出資に係る持分及びこれに基づく一切の請求権を放棄します。

                          記

1　出資先：（法人名）医療法人社団本町会
2　出資者名：田中五郎
3　出資時期：平成元年4月1日
4　出資額：金2,000,000円
5　放棄の内容：出資持分の全て及びこれに基づく一切の請求権
6　放棄日：持分なし医療法人への移行に係る定款変更についての都道府県知事
　の認可のあった日
```

-24 移行計画の認定後、計画の内容に変更が生じた場合、どうすればよいか？

　私の勤務する医療法人においては、先日厚生労働大臣から移行計画の認定を受け、現在持分なしの医療法人への移行手続が進行しています。ところが、移行計画の認定時には持分を放棄すると回答していた出資者のうち1人が前言を撤回し、持分につき払戻を受ける旨主張し始めたため、Q1－9で紹介のあった福祉医療機構からの融資を受けようと考えています。そうなると認定を受けた計画の内容に変更が生じることとなりますが、その場合どのような手続を経る必要があるのでしょうか、教えてください。

　本件のように、移行計画の認定時には融資制度の利用見込みを「無」としていたものの、その後払戻を請求する出資者が現れたことから福祉医療機構の融資制度の利用見込みが生じた場合には、移行計画の変更認定が必要となります。

解説

1　移行計画認定後の計画の変更認定

　厚生労働大臣による移行計画の認定後、その計画を変更せざるを得ないケースがあります。そのうち、以下の理由により移行計画の内容に変更が生じた場合には、移行計画の変更認定が必要となります。

① 移行期間中に認定医療法人が他の持分あり医療法人と合併し、持分あり医療法人として存続法人となった場合

② 移行計画の認定時には、融資制度の利用見込みを「無」としていたものの、融資制度の利用見込みが生じた場合

したがって、本件のように移行計画の認定時には融資制度の利用見込みを「無」としていたものの、その後払戻しを請求する出資者が現れたことから福祉医療機構の融資制度の利用見込みが生じた場合には、移行計画の変更認定が必要となります。

2 変更認定の手続

厚生労働省が平成26年9月に公表した「『持分なし医療法人』への移行に関する手引書」第2章第3節「移行計画の変更認定」によれば、認定変更手続のステップは以下のとおりです。

(1) **ステップ1**

移行計画の変更について、まず社員総会で議決を得ます。

(2) **ステップ2**

次に、厚生労働大臣あてに移行計画の変更認定申請を行います。なお、合併により移行計画を変更する場合は、合併後に申請します。

(3) **ステップ3**

変更認定申請にあたっての必要書類は以下のとおりです。

① 移行計画変更認定申請書（附則様式第4）
② 変更後の移行計画（附則様式第2）
③ 移行計画の認定通知書の写し
④ 変更前の移行計画（附則様式第2）の写し
⑤ 社員総会の議事録

なお、合併に伴い移行計画を変更する場合は、上記の書類に加えて、出資者名簿（附則様式第3）、定款（合併後のもの）、定款変更認可書の写し、医療法人合併認可書の写しおよび他の医療法人と合併したことを証明できる書類（社員総会の議事録、合併協議会の議事録等）が必要となります。

3 移行計画変更認定申請書の記載例

移行計画変更認定申請書(附則様式第4)の記載例は**図表1‑24**のとおりです。

図表1‑24 移行計画変更認定申請書の記載例

附則様式第4 (附則第58条第1項関係)

移行計画変更認定申請書

平成28年10月1日

厚生労働大臣　殿

　　　　　　　　　　法人所在地:東京都渋谷区上原1‑1‑X
　　　　　　　　　　法人名:医療法人社団上原会
　　　　　　　　　　代表者の氏名:理事長　斎藤和夫　印

　平成27年11月1日付け番○○○○号の良質な医療を提供する体制の確立を図るための医療法等の一部を改正する法律附則第10条の3第1項の認定について、下記のとおり変更したいので、同法附則第10条の4第1項の認定を申請します。

記

　移行計画申請時は、融資制度の利用見込みは無としていたが、その後出資者のうちの1名から持分払戻の申出があり、その資金調達方法として融資制度の利用を申請したいため。
　融資申請予定額:5,000万円

第2章

医療法人の事業承継の実務

第1節 医療法人の事業承継に係る基礎知識

-1 医療法人にはどのような形態があるのか？

医療法人は医療法の定めにより設立される法人形態のようですが、以前の医療法改正（第5次医療法改正）でその中身が大幅に変更されたと聞きます。それでは、第5次医療法改正後の医療法人制度はどのようになっているのでしょうか、教えてください。

医療法人には大きく分けて「社団形態」のものと「財団形態」のものとがあります。第5次医療法改正では、医療法人の中に新たに法人税法上公益法人等として取り扱われ、収益事業のみに課税されることとなる「社会医療法人」が導入されました。

解説

1 医療法人とは

医療法人とは、医療法に基づき設立された病院・診療所または介護老人保健施設を運営する法人で、都道府県知事または厚生労働大臣[8]の許可を

---

[8] 2以上の都道府県で病院、診療所、介護老人保健施設を開設する医療法人は厚生労働大臣の管轄となる。実際の業務は地方厚生局が担当している。

第1節　医療法人の事業承継に係る基礎知識

図表2－1　医療法人数の統計（平成26年3月末現在）

総数	財団	医療法人 社団			特定医療法人	特別医療法人	社会医療法人	一人医師医療法人
		総数	持分あり	持分なし				
49,889	391	49,498	41,476	8,022	375	－	215	41,659

（注1）　厚生労働大臣所管法人数は1,037
（注2）　特別医療法人は平成24年3月31日をもって経過措置が終了し、現在はゼロである。
（出典）　厚生労働省ホームページ

受けた特別の法人です（医療法39①）。医療法人の業務は以下の3つに分けられます。

(1)　**本来業務**

医師・歯科医師しか提供できない医業（医師法17）・歯科医業（歯科医師法17）をいいます。具体的には、病院・診療所または介護老人保健施設（老健）の経営・運営です。

(2)　**附帯業務**

上記(1)の本体業務と密接に関連する業務で、法人の定款（社団医療法人の場合）または寄附行為（財団医療法人の場合）の定めにより行う業務をいいます（医療法42）。具体的には、看護専門学校、臨床検査技術士養成所、薬局、軽費老人ホーム（ケアハウス）、有料老人ホーム（老人福祉法29①）等の経営・運営を指します。

(3)　**附随業務**

上記本来業務または附帯業務に附随して発生する業務で、法人の定款または寄附行為の定めにより行う業務です。具体的には患者用駐車場、従業員食堂、病院内売店、透析クリニックの患者送迎サービス等をいいます。

医療法人数の統計は**図表2－1**（**図表1－2**再掲）のとおりです。

2　社団医療法人と財団医療法人

医療法人制度を規定している医療法によれば、医療法人は社団または財団形態で設立されることとなります（医療法39①）。

(1)　財団医療法人

財団とは、財産の集団を基礎として形成される法人をいいます。財団は設立時に寄附者が財産を寄附することとなり、出資持分という概念は存在しません。そのため、財団医療法人の場合、出資者である寄附者には剰余金や残余財産の分配がないばかりでなく、当初の出資額も返還されないこととなります。

(2)　社団医療法人

社団とは、人の集団を基礎として形成される法人をいいます。社団医療法人の場合、持分の定めのあるものとないものとがあり、持分の定めのあるものは、出資者が退社[9]するとき、当初の出資額のみならず持分に応じた剰余金の返還も受けることができます。

3　医療法人の組織構成

医療法人の組織構成は以下のようになります。

(1)　社員

社員とは社団医療法人における出資者で、株式会社の株主に相当します。社員は社団医療法人の最高意思決定機関である社員総会において議決権を有し、通常3名以上必要となります。社員は通常金銭を出資しますが、社員総会の承認が得られれば、金銭・現物資産以外の出資も可能です（信用出資）。

社員となる者の資格ですが、未成年者であっても義務教育を終了してい

---

[9] 医療法人の社員であることを辞めることをいう。一般に、病気等で職務遂行ができない場合等やむを得ない理由のあるときに理事長の同意を得て行われる。

れば就任することが可能です。ただし、都道府県によっては未成年者や学生の就任が好ましくないと指導しているケースがありますので、都道府県の担当部署に事前に確認する必要があります。なお、法人は社団医療法人の社員に就任することはできません[10]。

(2) 評議員

　評議員とは、社員総会がない財団医療法人における必置機関である評議員会の構成員で、医師、歯科医師、薬剤師、看護師その他の医療従事者等一定の者から選任されます。評議員は財団医療法人の役員（理事および監事）を監督する役割が期待されています。

(3) 理事および監事

　医療法人（社団および財団）の運営を担う者で、株式会社の取締役・監査役に相当します。医療法人は原則として理事3名以上および監事1名以上置く必要があります。ただし、都道府県知事の許可を受けた場合には、理事が1名ないし2名とすることが可能です（医療法46の2①）。理事の互選によって選任される理事長は、原則として医師または歯科医師である必要があります（医療法46の3①）。

4　一人医師医療法人

　「一人医師医療法人」とは、医師または歯科医師が常時1名以上（1名または2名）勤務する診療所を開設する医療法人をいいます。医療法人制度は昭和25年の医療法改正により導入された制度ですが、当時は3名以上の医師または歯科医師が常勤していることがその要件でした。しかし、昭和60年の医療法改正（第5次医療法改正）で、個人立の診療所の法人化を促すことにより、医療経営と家計とを分離して経営基盤の安定化を図るため、1名または2名の医師または歯科医師で医療法人の設立が認められる

---

[10] 一方、一般社団法人の場合、法人も社員になることができる。四宮和夫・能見善久『民法総則（第八版）』（弘文堂・平成22年）100頁。

図表2-2　第5次医療法改正後の医療法人の類型

社　　団	財　　団
社団医療法人（持分なし・基金なし）	財団医療法人
社団医療法人（持分なし・基金あり）注2	特定医療法人（租税特別措置法）
社団医療法人（持分あり）注1	社会医療法人
出資額限度法人（持分あり）	
特定医療法人（租税特別措置法）	
社会医療法人	

（注1）　アミ掛け部分は経過措置型医療法法人を指す。
（注2）　一般に「基金拠出型医療法人」と称する。
（注3）　「特別医療法人」は平成24年3月31日をもって廃止。

こととなりました。その結果、主として税務上の理由で、個人立の診療所が急速に医療法人化していきました。平成26年3月31日現在、一人医師医療法人の総数は41,659で、うち医科が33,372（80.1％）、歯科が8,287（19.9％）となっています（厚生労働省調べ）。

　なお、一人医師医療法人といっても通常の医療法人と法制度および運営形態に違いはなく、役員については原則として理事3名以上および監事1名以上置く必要があります。ただし、前述のように、都道府県知事の許可を受けた場合には、理事が1名ないし2名とすることが可能です（医療法46の2①）。

5　第5次医療法改正後の医療法人制度

　財団医療法人については、第5次医療法改正前後において特に変更点はありません。
　一方、社団医療法人については、第5次医療法改正により新たに持分の定めのあるものの設立が認められなくなりました。
　第5次医療法改正後の医療法人の類型は、**図表2-2**のとおりとなります。

第1節　医療法人の事業承継に係る基礎知識

 持分の定めのある社団医療法人の出資持分はどう評価する？

　持分の定めのある社団医療法人の出資持分は、相続財産として相続税が課税されるようですが、相続税法上の評価の方法はどうなっているのでしょうか、教えてください。

　持分の定めのある社団医療法人の出資持分は、原則として取引相場のない株式の原則的評価方法に準じて算定することになります。

解説

1　持分の定めのある社団医療法人の出資持分の財産性

　経過措置型医療法人である持分の定めのある社団医療法人は、社員が保有するその出資持分について、自由に譲渡または質入れが可能ですし、また、退社時の持分払戻請求権や解散時の残余財産の分配権も有することから、財産的価値があると考えられます。したがって、持分の定めのある社団医療法人の出資持分については、相続ないし贈与の対象となり、その相続・遺贈または贈与の場合には、相続税または贈与税の課税価格に算入されることとなります。

2　持分の定めのある社団医療法人の出資持分の評価

　それでは、持分の定めのある社団医療法人の出資持分の相続税法上の評価はどのように行うのでしょうか。相続税法上、財産の評価は取得時の時価によることとされていますが（相法22）、その具体的な価格の算定は財

91

産評価基本通達によることとされています（評基通1（2））。

財産評価基本通達では、医療法人に対する出資持分の評価は同通達の178〜192の規定、すなわち取引相場のない株式の原則的評価に準じて算定することとされています（評基通194−2）。

(1) 純資産価額方式

純資産価額方式による評価方法は、以下の算式により評価することとなります（評基通185）。

$$評価額 = \frac{相続税評価額による総資産価額 - 相続税評価額による負債合計額 - 評価差額に対する法人税相当額^{(注)}}{1口50円とした場合の出資口数}$$

(注) 評価差額は、相続税評価額による純資産価額から帳簿上の純資産価額を控除した金額で、マイナスの場合はゼロとして計算する。また、法人税率は40%（復興特別法人税廃止により引き下げられている、評基通186−2）で計算する。

(2) 類似業種比準価額方式

類似業種比準価額方式による評価方法は、以下の算式により評価することとなります（評基通180）。

$$評価額 = 類似業種の株価 \times \frac{\dfrac{医療法人の利益金額}{類似業種の利益金額} \times 3 + \dfrac{医療法人の純資産価額}{類似業種の純資産価額}}{4} \times 斟酌率$$

(注1) 評価法人の利益金額、純資産価額は1口当たりの金額
(注2) 斟酌率は、大会社0.7、中会社0.6、小会社0.5として計算
(注3) 分母の「4」は、評価法人の利益金額がゼロでも「4」となる。
(注4) 類似業種の株価は、業種番号121（個別通達・平成25年分の場合）の「その他の産業」[11]を適用

(3) 上記(1)(2)の組み合わせ

---

[11] 医療法人は剰余金の配当が医療法上規制されているため、営利企業の分類である「医療・福祉」（業種番号117）には該当しない。

上記で説明された(1)～(3)の評価方法のいずれを用いるべきかは、基本的に医療法人の規模によることとなります。すなわち、**図表2－3**の基準により評価方法を選択することとなります（評基通179）。

図表2－3　医療法人の規模別評価方法

法人の規模		原則的評価方法	選択可能な評価方法
大会社		類似業種比準価額方式	純資産価額方式
中会社	大	類似業種比準価額×0.90＋純資産価額×0.10	純資産価額方式
	中	類似業種比準価額×0.75＋純資産価額×0.25	純資産価額方式
	小	類似業種比準価額×0.60＋純資産価額×0.40	純資産価額方式
小会社		純資産価額方式	類似業種比準価額×0.50＋純資産価額×0.50

（注）「中会社」の原則的評価方法における類似業種比準価額に乗じる割合（0.90・0.75・0.60）のことを「Lの割合」という。

また、医療法人の規模の判断基準は**図表2－4**のとおりとなります（評基通178）。なお、医療法人は通達の適用上「小売・サービス業」に該当します（国税庁質疑応答事例集より）。

図表2－4　小売・サービス業の評価上の区分

取引金額 総資産価額 および従業員数	6,000万円未満	6,000万円以上 6億円未満	6億円以上 12億円未満	12億円以上 20億円未満	20億円以上
4,000万円未満 または5人以下	小会社				
4,000万円以上 5人以下を除く		中会社（小） L＝0.6			
4億円以上 30人以下を除く			中会社（中） L＝0.75		
7億円以上 50人以下を除く				中会社（大） L＝0.9	
10億円以上 50人以下を除く					大会社

　図表2－4の適用に際し、総資産価額・従業員数は、まず総資産価額を参照し、次に従業員数を参照することとなります（ただし、従業員数100人以上はすべて大会社に該当する）。たとえば、総資産価額5億円・従業員20人の場合、「中会社（小）」に該当します。

第1節 医療法人の事業承継に係る基礎知識

　持分の定めのある社団医療法人の出資持分の具体的な評価方法は？

Q2-2で、持分の定めのある社団医療法人の出資持分は、財産評価基本通達の規定に基づいて評価を行う必要があることがわかりました。それでは、通達による方法とは、具体的にどのように行うのでしょうか、事例に基づき説明してください。

以下の事例に基づき説明することとします。

解説

1　医療法人の出資持分評価の具体例

【医療法人の状況】
- 医療法人社団笹塚会（決算日3月31日）
- 課税時期：理事長Aの死亡日（平成25年8月1日）
- 出資持分の相続の状況：Aの長男である医師で副理事長のBが後任の理事長に就任し、出資持分240,000口（1口50円）を相続
- 出資金：15,000,000円（300,000口）
- 出資の状況（相続開始時）

氏名	Aとの関係	役職	出資口数
A	本人	理事長	240,000口
B	長男	副理事長	30,000口
C	妻	理事	15,000口
D	長女	理事	15,000口

- 平成25年3月期の医業収益（売上高）：230,000,000円
- 平成25年3月期の総資産価額（帳簿価額）：360,000,000円
- 従業員数：15人
- 平成25年3月期の医業利益：13,800,000円
- 平成26年3月期の利益積立金額（法人税別表五（一））：66,000,000円
- 相続発生時における純資産価額（第5表より）

	総資産価額	負債金額	純資産価額
相続税評価額	420,000,000円	160,000,000円	260,000,000円
帳簿価額	360,000,000円	160,000,000円	200,000,000円

【医療法人の規模の判定】

医療法人は「小売・サービス業」に該当する。

- 取引金額：60,000,000円≦230,000,000円＜600,000,000円
- 総資産価額：40,000,000円≦360,000,000円＜400,000,000円
- 従業員数：5人＜15人≦30人

∴「中会社の小（L＝0.60）」に該当する。

【類似業種比準価額方式】

- 出資持分1口当たりの医業利益金額：13,800,000円÷300,000口＝46円
- 出資持分1口当たりの純資産価額：（15,000,000円＋66,000,000円）÷300,000口＝270円
- 類似業種比準価額：下記①〜④のうち最も低い価額である196円となる（以下の数値は国税庁通達の業種目別株価等（その他の産業（業種番号121）、平成25年度）より抜粋）。

    ① 課税月の株価：289円

    ② その前月の株価：296円

    ③ その前々月の株価：275円

    ④ 前年1年間の平均株価：196円

- 利益金額：21円

第1節　医療法人の事業承継に係る基礎知識

- 簿価純資産価額：227円

$$196 \times \left[\frac{\frac{46}{21} \times 3 + \frac{270}{227}}{4} \right] \times 0.60 \times \frac{50}{50} = 226円$$

【純資産価額方式】

$$\frac{420,000,000円 - 160,000,000円 - 25,200,000円^{(注)}}{300,000口} = 783円$$

（注）　評価差額に対する法人税等相当額：〔(420,000,000円 − 160,000,000円) − (360,000,000円 − 160,000,000円)〕× 42%[12] = 25,200,000円

【併用方式による相続税評価額】

① 226円（類似業種比準価額）× 0.60 + 783円（純資産価額）×（1 − 0.60）
　 = 449円

② 783円（純資産価額）× 0.60 + 783円（純資産価額）×（1 − 0.60）
　 = 783円

【一口当たりの評価額】

449円＜783円　∴449円

【被相続人Aの出資持分の評価額】

449円 × 240,000口 = 107,760,000円

2　取引相場のない株式（出資）の評価明細書の記載例

取引相場のない株式（出資）の評価明細書（第1表の1〜第5表）の記載例は、**図表2−5〜2−10**のとおりです。

---

[12] 平成26年4月1日以降に発生する相続から40%に引き下げられている。

図表2－5　取引相場のない株式（出資）の評価明細書（第1表の1）

第1表の1　評価上の株主の判定及び会社規模の判定の明細書　整理番号

（平成二十五年五月二十七日以後用）

（取引相場のない株式（出資）の評価明細書）

会社名	医療法人社団笹塚会	本店の所在地	渋谷区笹塚4-1-×
代表者氏名	A		
課税時期	平成25年8月1日	事業内容	取扱品目及び製造、卸売、小売等の区分：医療／業種目番号：121／取引金額の構成比：100%
直前期	自 平成24年4月1日　至 平成25年3月31日		

1. 株主及び評価方式の判定

氏名又は名称	続柄	会社における役職名	④株式数（株式の種類）	⑤議決権数	⑥議決権割合（⑤/④）
B	納税義務者	理事長	270,000	1	33
C	妻	理事	15,000	1	33
D	長女	理事	15,000	1	33

納税義務者の属する同族関係者グループの議決権割合（⑤の割合）を基として、区分します。

筆頭株主グループの議決権割合（⑥の割合）			株主の区分
50%超の場合	30%以上50%以下の場合	30%未満の場合	
50%超	30%以上	15%以上	同族株主等
50%未満	30%未満	15%未満	同族株主等以外の株主

| 判定 | 同族株主等（原則的評価方式等） | 同族株主等以外の株主（配当還元方式） |

「同族株主等」に該当する納税義務者のうち、議決権割合（⑥の割合）が5%未満の者の評価方式は、「2. 少数株式所有者の評価方式の判定」欄により判定します。

2. 少数株式所有者の評価方式の判定

項目	判定内容
氏名	
㋑役員	である（原則的評価方式等）・でない（次の㋺へ）
㋺納税義務者が中心的な同族株主	である（原則的評価方式等）・でない（次の㋩へ）
㋩納税義務者以外に中心的な同族株主（又は株主）	がいる（配当還元方式）・がいない（原則的評価方式等）（氏名　　　）
判定	原則的評価方式等　・　配当還元方式

	②議決権数	③	②/④
自己株式			
納税義務者の属する同族関係者グループの議決権の合計数	3		100
筆頭株主グループの議決権の合計数	3		100
評価会社の発行済株式又は議決権の総数 ①300,000	④3		100

第1節 医療法人の事業承継に係る基礎知識

図表2-6 取引相場のない株式（出資）の評価明細書（第1表の2）

第1表の2　評価上の株主の判定及び会社規模の判定の明細書（続）　会社名 医療法人社団笹塚会

（取引相場のない株式（出資）の評価明細書）

3．会社の規模（Lの割合）の判定

項　目	金　額	項　目	人　数
直前期末の総資産価額（帳簿価額）	360,000 千円	直前期末以前1年間における従業員数	15.0 人　〔従業員数の内訳〕継続勤務従業員数（15人）＋ 継続勤務従業員以外の従業員の労働時間の合計時間数（0時間）/1,800時間
直前期末以前1年間の取引金額	230,000 千円		

（平成二十五年五月二十七日以降用）

① 直前期末以前1年間における従業員数に応ずる区分　100人以上の会社は、大会社（㋺及び㋩は不要）
100人未満の会社は、㋺及び㋩により判定

	㋺ 直前期末の総資産価額（帳簿価額）及び直前期末以前1年間における従業員数に応ずる区分				㋩ 直前期末以前1年間の取引金額に応ずる区分			会社規模とLの割合（中会社）の区分
	総資産価額（帳簿価額）			従業員数	取引金額			
判定基準	卸売業	小売・サービス業	卸売業、小売・サービス業以外		卸売業	小売・サービス業	卸売業、小売・サービス業以外	
	20億円以上	10億円以上	10億円以上	50人超	80億円以上	20億円以上	20億円以上	大会社
	14億円以上20億円未満	7億円以上10億円未満	7億円以上10億円未満	50人超	50億円以上80億円未満	12億円以上20億円未満	14億円以上20億円未満	0.90　中会社
	7億円以上14億円未満	4億円以上7億円未満	4億円以上7億円未満	30人超50人以下	25億円以上50億円未満	6億円以上12億円未満	7億円以上14億円未満	0.75
	7,000万円以上7億円未満	⓪4,000万円以上4億円未満	5,000万円以上4億円未満	⓪5人超30人以下	2億円以上25億円未満	⓪6,000万円以上6億円未満	8,000万円以上7億円未満	0.60
	7,000万円未満	4,000万円未満	5,000万円未満	5人以下	2億円未満	6,000万円未満	8,000万円未満	小会社

・「会社規模とLの割合（中会社）の区分」欄は、㋺欄の区分（「総資産価額（帳簿価額）」と「従業員数」とのいずれか下位の区分）と㋩欄（取引金額）の区分とのいずれか上位の区分により判定します。

判定	大会社	⓪中会社			小会社
		Lの割合			
		0.90	0.75	⓪0.60	

4．増（減）資の状況その他評価上の参考事項

99

図表2-7 取引相場のない株式(出資)の評価明細書(第2表)

第2表 特定の評価会社の判定の明細書							会社名	医療法人社団笹塚会	(平成二十五年五月二十七日以降用)
1. 比準要素数1の会社		判　定　要　素					判定基準	(1)欄のいずれか2の判定要素が0であり、かつ、(2)欄のいずれか2以上の判定要素が0	
		(1)直前期末を基とした判定要素			(2)直前々期末を基とした判定要素				
		第4表の⑧の金額	第4表の⑥の金額	第4表の⑤の金額	第4表の⑧の金額	第4表の⑥の金額	第4表の⑤の金額	である(該当)・でない(非該当)	
		円　銭 0	円 46	円 270	円　銭	円 48	円 224	判定　該　当・**非該当**	
2. 株式保有特定会社		判　定　要　素					判定基準	③の割合が50%以上である	③の割合が50%未満である
		総資産価額 (第5表の①の金額)		株式及び出資の金額の合計額(第5表の⑦の金額)		株式保有割合 (②/①)			
		①　　　　　　　千円 420,000		②　　　　　　千円 0		③　　　　%		判定　該　当・**非該当**	
3. 土地保有特定会社		判　定　要　素					会社の規模の判定 (該当する文字を○で囲んで表示します。)		
		総資産価額 (第5表の①の金額)		土地等の価額の合計額 (第5表の⑥の金額)		土地保有割合 (⑤/④)			
		④　　　　　　千円 420,000		⑤　　　　　千円 123,000		⑥　　　　% 29	大会社・**中会社**・小会社		
	判定基準	会社の規模	大　会　社		中　会　社		小　会　社 (総資産価額(帳簿価額)が次の基準に該当する会社) ・卸売業　　　　　　　　・卸売業 　20億円以上　　　　7,000万円以上20億円未満 ・小売・サービス業　　　・小売・サービス業 　10億円以上　　　　4,000万円以上10億円未満 ・上記以外の業種　　　　・上記以外の業種 　10億円以上　　　　5,000万円以上10億円未満			
		⑥の割合	70%以上	70%未満	90%以上	90%未満	70%以上	70%未満	90%以上	90%未満
	判　定		該　当	非該当	該　当	**非該当**	該　当	非該当	該　当	非該当
4. 開業後3年未満の会社等	(1)開業後3年未満の会社	判定要素		判定基準	課税時期において開業後3年未満である		課税時期において開業後3年未満でない		
		開業年月日	年　月　日	判定	該　当		**非該当**		
	(2)比準要素数0の会社	判定要素	直前期末を基とした判定要素			判定基準	直前期末を基とした判定要素がいずれも0		
			第4表の⑧の金額	第4表の⑥の金額	第4表の⑤の金額		である(該当)・でない(非該当)		
			円　銭 0	円 46	円 270	判定	該　当・**非該当**		
5. 開業前又は休業中の会社	開業前の会社の判定		休業中の会社の判定		6. 清算中の会社		判　　定		
	該　当・**非該当**		該　当・**非該当**				該　当・**非該当**		
7. 特定の評価会社の判定結果	1. 比準要素数1の会社　　　　　2. 株式保有特定会社 3. 土地保有特定会社　　　　　4. 開業後3年未満の会社等 5. 開業前又は休業中の会社　　　6. 清算中の会社 該当する番号を○で囲んでください。なお、上記の「1. 比準要素数1の会社」欄から「6. 清算中の会社」欄の判定において2以上に該当する場合には、後の番号の判定によります。								

第1節　医療法人の事業承継に係る基礎知識

図表2－8　取引相場のない株式（出資）の評価明細書（第3表）

第3表　一般の評価会社の株式及び株式に関する権利の価額の計算明細書　会社名　医療法人社団笹塚会

（平成二十五年五月二十七日以降用）

取引相場のない株式（出資）の評価明細書

1．原則的評価方式による価額

1株当たりの価額の計算の基となる金額
- ① 類似業種比準価額（第4表の㉖、㉗又は㉘の金額）　226 円
- ② 1株当たりの純資産価額（第5表の⑪の金額）　783 円
- ③ 1株当たりの純資産価額の80％相当額（第5表の⑫の記載がある場合のその金額）　円

1株当たりの価額の計算

区分	1株当たりの価額の算定方法	1株当たりの価額
大会社の株式の価額	①の金額と②の金額とのいずれか低い方の金額（②の記載がないときは①の金額）	④　　　円
中会社の株式の価額	①と②とのいずれか低い方の金額 × Lの割合 ＋ ②の金額（③の金額があるときは③の金額）× (1－Lの割合)　(226 円×0. 60) ＋ (783 円×(1-0. 60))	⑤　449 円
小会社の株式の価額	②の金額（③の金額があるときは③の金額）と次の算式によって計算した金額とのいずれか低い方の金額　①の金額　②の金額（③の金額があるときは③の金額）　(円×0.50）＋(円×0.50）＝	⑥　　　円

株式の価額の修正

| 課税時期において配当期待権の発生している場合 | 株式の価額（④、⑤又は⑥） 円 － 1株当たりの配当金額 円 銭 | 修正後の株式の価額　⑦　円 |
| 課税時期において株式の割当てを受ける権利、株主となる権利又は株式無償交付期待権の発生している場合 | 株式の価額（④、⑤又は⑥（⑦があるときは⑦））＋割当株式1株当たりの払込金額×1株当たりの割当株式数÷(1株＋1株当たりの割当株式数又は交付株式数) | 修正後の株式の価額　⑧　円 |

2．配当還元方式による価額

| 1株当たりの資本金等の額、発行済株式数等 | 直前期末の資本金等の額 ⑨ 千円 | 直前期末の発行済株式数 ⑩ 株 | 直前期末の自己株式数 ⑪ 株 | 1株当たりの資本金等の額を50円とした場合の発行済株式数（⑨÷50円）⑫ 株 | 1株当たりの資本金等の額（⑨÷(⑩－⑪))⑬ 円 |

直前期末以前2年間の配当金額	事業年度	⑭年配当金額	⑮左のうち非経常的な配当金額	⑯差引経常的な年配当金額（⑭－⑮）	年平均配当金額
	直前期	千円	千円	千円	⑰ (イ+ロ)÷2　千円
	直前々期	千円	千円	千円	

| 1株(50円)当たりの年配当金額 | 年平均配当金額（⑰）千円 ÷ ⑫の株式数 株 ＝ ⑱ 円 銭 | この金額が2円50銭未満の場合は2円50銭とします。|

| 配当還元価額 | ⑱の金額 円 銭 ÷ 10% × ⑬の金額 円 ÷ 50円 | ⑲ 円 | ⑳ 円 | ⑲の金額が、原則的評価方式により計算した価額を超える場合には、原則的評価方式により計算した価額とします。|

3．株式に関する権利の価額

1.及び2.に共通	配当期待権	1株当たりの予想配当金額 － 源泉徴収されるべき所得税相当額　(円 銭)-(円 銭)	㉑ 円 銭	4．株式及び株式に関する権利の価額（1.及び2.に共通）
	株式の割当てを受ける権利（割当株式1株当たりの価額）	⑧（配当還元方式の場合は㉔）の金額 － 割当株式1株当たりの払込金額　円 － 円	㉒ 円	株式の評価額　449 円 (　銭)
	株主となる権利（割当株式1株当たりの価額）	⑧（配当還元方式の場合は㉔）の金額（課税時期後にその株主となる権利につき払い込むべき金額があるときは、その金額を控除した金額）	㉓ 円	株式に関する権利の評価額
	株式無償交付期待権（交付される株式1株当たりの価額）	⑧（配当還元方式の場合は㉔）の金額	㉔ 円	

図表２－９　取引相場のない株式（出資）の評価明細書（第４表）

（取引相場のない株式（出資）の評価明細書）

第４表　類似業種比準価額等の計算明細書　　会社名　医療法人社団笹塚会

（平成二十五年五月二十七日以降用）

１．１株当たりの資本金等の額等の計算

直前期末の資本金等の額	直前期末の発行済株式数	直前期末の自己株式数	１株当たりの資本金等の額（①÷（②−③））	１株当たりの資本金等の額を50円とした場合の発行済株式数（①÷50円）
① 15,000 千円	② 300,000 株	③ 株	④ 50 円	⑤ 300,000 株

２．比準要素等の金額の計算

１株（50円）当たりの年配当金額

直前期末以前２（３）年間の年平均配当金額

事業年度	⑥ 年配当金額	⑦ 左のうち非経常的な配当金額	⑧ 差引経常的な年配当金額（⑥−⑦）	年平均配当金額
直前期	千円	千円	㋑ 千円	⑨（㋑＋㋺）÷２ 千円
直前々期	千円	千円	㋺ 千円	
直前々期の前期	千円	千円	㋩ 千円	⑩（㋺＋㋩）÷２ 千円

比準要素数１の会社・比準要素数０の会社の判定要素の金額		
⑨/⑤	Ⓑ₁ 円	銭 0
⑩/⑤	Ⓑ₂ 円	銭 0
１株（50円）当たりの年配当金額（Ⓑ₁の金額）	Ⓑ 円	銭

１株（50円）当たりの年利益金額

直前期末以前２（３）年間の利益金額

事業年度	⑪法人税の課税所得金額	⑫非経常的な利益金額	⑬受取配当等の益金不算入額	⑭左の所得税額	⑮損金算入した繰越欠損金の控除額	⑯差引利益金額（⑪−⑫＋⑬−⑭＋⑮）
直前期	13,800 千円	千円	千円	千円	千円	㋥ 13,800 千円
直前々期	14,600 千円	千円	千円	千円	千円	㋭ 14,600 千円
直前々期の前期	12,900 千円	千円	千円	千円	千円	㋬ 12,900 千円

比準要素数１の会社・比準要素数０の会社の判定要素の金額	
㋥/⑤ 又は （㋥＋㋭）÷２/⑤	Ⓒ₁ 46 円
㋭/⑤ 又は （㋭＋㋬）÷２/⑤	Ⓒ₂ 48 円
１株（50円）当たりの年利益金額（㋥/⑤ 又は （㋥＋㋭）÷２/⑤ の金額）	Ⓒ 46 円

１株（50円）当たりの純資産価額

直前期末（直前々期末）の純資産価額

事業年度	⑰ 資本金等の額	⑱ 利益積立金額	⑲ 純資産価額（⑰＋⑱）
直前期	15,000 千円	66,000 千円	㋣ 81,000 千円
直前々期	15,000 千円	52,200 千円	㋠ 67,200 千円

比準要素数１の会社・比準要素数０の会社の判定要素の金額	
㋣/⑤	Ⓓ₁ 270 円
㋠/⑤	Ⓓ₂ 224 円
１株（50円）当たりの純資産価額（Ⓓ₁の金額）	Ⓓ 270 円

３．類似業種比準価額の計算

１株（50円）当たりの比準価額の計算（その１）

類似業種と業種目番号	その他の産業（No. 121）
課税時期の属する月 8 月	㋷ 289 円
課税時期の属する月の前月 7 月	㋦ 296 円
課税時期の属する月の前々月 6 月	㋸ 275 円
前年平均株価	㋾ 196 円
A（㋷、㋦、㋸及び㋾のうち最も低いもの）	⑳ 196 円

比準割合の計算

区分	１株（50円）当たりの年配当金額	１株（50円）当たりの年利益金額	１株（50円）当たりの純資産価額	１株（50円）当たりの比準価額
評価会社	Ⓑ 円 0 銭	Ⓒ 46 円	Ⓓ 270 円	⑳×㉑×0.7 ※中会社は0.6 小会社は0.5 とします。
類似業種	B 円 0 銭	C 21 円	D 227 円	
要素別比準割合	Ⓑ/B ．	Ⓒ/C 2・19	Ⓓ/D 1・18	
比準割合	（Ⓑ/B＋Ⓒ/C×3＋Ⓓ/D）/4 ＝ ㉑ 1・93			㉒ 226 円 9 銭 0

１株（50円）当たりの比準価額の計算（その２）

類似業種と業種目番号	（No.　）
課税時期の属する月 月	㋻ 円
課税時期の属する月の前月 月	㋕ 円
課税時期の属する月の前々月 月	㋵ 円
前年平均株価	㋟ 円
A（㋻、㋕、㋵及び㋟のうち最も低いもの）	㉓ 円

比準割合の計算

区分	１株（50円）当たりの年配当金額	１株（50円）当たりの年利益金額	１株（50円）当たりの純資産価額	１株（50円）当たりの比準価額
評価会社	Ⓑ 円 0 銭	Ⓒ 円	Ⓓ 円	㉓×㉔×0.7 ※中会社は0.6 小会社は0.5 とします。
類似業種	B 円 0 銭	C 円	D 円	
要素別比準割合	Ⓑ/B ．	Ⓒ/C ．	Ⓓ/D ．	
比準割合	（Ⓑ/B＋Ⓒ/C×3＋Ⓓ/D）/5 ＝ ㉔ ．			㉕ 円 銭 0

１株当たりの比準価額	比準価額（㉒と㉕とのいずれか低い方）		㉖
	226 円 9 0銭 × ④の金額 50 円 / 50円		226 円

比準価額の修正

			修正比準価額
直前期末の翌日から課税時期までの間に配当金交付の効力が発生した場合	比準価額（㉖） 円 −	１株当たりの配当金額 円 銭	㉗ 円
直前期末の翌日から課税時期までの間に株式の割当て等の効力が発生した場合	比準価額（㉖）（㉗があるときは㉗）（ 円＋	割当株式１株当たりの払込金額 円 銭× １株当たりの割当株式数 株）÷（１株＋ １株当たりの割当株式数又は交付株式数 株）	㉘ 円

第1節　医療法人の事業承継に係る基礎知識

図表2−10　取引相場のない株式（出資）の評価明細書（第5表）

第5表　1株当たりの純資産価額（相続税評価額）の計算明細書　　会社名　医療法人社団笹塚会

平成二十五年五月二十七日以降用

取引相場のない株式（出資）の評価明細書

1. 資産及び負債の金額（課税時期現在）

資産の部				負債の部			
科目	相続税評価額	帳簿価額	備考	科目	相続税評価額	帳簿価額	備考
	千円	千円			千円	千円	

合計	① 420,000	② 360,000		合計	③ 160,000	④ 160,000	
株式及び出資の価額の合計額	㋑ 0	㋺ 0					
土地等の価額の合計額	123,000						
現物出資等受入れ資産の価額の合計額	㋩	㋥					

2. 評価差額に対する法人税額等相当額の計算

相続税評価額による純資産価額（①−③）	⑤ 260,000	千円
帳簿価額による純資産価額（(②+㋺−㋥)−④、マイナスの場合は0）	⑥ 200,000	千円
評価差額に相当する金額（⑤−⑥、マイナスの場合は0）	⑦ 60,000	千円
評価差額に対する法人税額等相当額（⑦×42%）	⑧ 25,200	千円

3. 1株当たりの純資産価額の計算

課税時期現在の純資産価額（相続税評価額）（⑤−⑧）	⑨ 234,800	千円
課税時期現在の発行済株式数（（第1表の1の①）−自己株式数）	⑩ 300,000	株
課税時期現在の1株当たりの純資産価額（相続税評価額）（⑨÷⑩）	⑪ 783	円
同族株主等の議決権割合（第1表の1の⑤の割合）が50%以下の場合（⑪×80%）	⑫	円

103

持分の定めのない社団医療法人や財団医療法人は相続財産として評価する必要があるか？

Q2－2で持分の定めのある社団医療法人の出資持分は相続財産として相続税が課されるため、財産の評価を行う必要があることがわかりました。ところで、私は現在持分の定めのない社団医療法人に勤務していますが、持分の定めのない社団医療法人や財団医療法人については相続財産として評価する必要があるでしょうか、教えてください。

持分の定めのない社団医療法人や財団医療法人は、いずれも出資持分という概念がなく、その財産性もないと考えられることから、相続財産として評価する必要はないものといえます。

解説

1 相続税の課税財産

相続税の課税物件は相続または遺贈により取得した「財産」であり、これを「相続財産」といいます。ここでいう相続財産とは、金銭に見積もることができる経済的な価値がある一切のもの（物および権利）をいうものと解され、動産、不動産、無体財産権（特許権や著作権等）、営業上の権利（工業権や漁業権等）、私法上・公法上の各種の債権（信託受益権等）等を指します。

なお、質権や抵当権、地役権のような従たる権利は、主たる権利の価値を担保しまたは増加させるものであり、独立した財産ではありません（相基通11の2－1（3））。

また、法的には相続または遺贈により取得した財産とはいえないものの、被相続人または遺贈者の死亡を起因として取得する財産については、それらを課税財産から除外すると公平負担の観点から問題であるため、相続または遺贈により取得したものとみなして相続税の課税対象としますが、そのような財産を「みなし相続財産」といいます（相法3）。

　具体的には、生命保険金（死亡保険金）や退職手当金、生命保険契約に関する権利、定期金に関する権利等を指します。

2　持分の定めのない社団医療法人の財産性

　上記のとおり、相続税法上、相続財産とは、金銭に見積もることができる経済的な価値がある一切のもの（物および権利）をいうものと解されていますが、持分の定めのない社団医療法人や財団医療法人は、いずれも出資持分という概念がなく、また、社員等に残余財産の分配権もありませんので、その財産性はないものと考えられます。したがって、持分の定めのない社団医療法人や財団医療法人については、相続財産として評価する必要はないものと考えられます。

-5　基金拠出型医療法人の基金はどう評価する？

第5次医療法改正で新たに導入された基金拠出型医療法人ですが、当該医療法人は持分の定めのない社団医療法人であると聞きます。Q2－4で持分の定めのない社団医療法人については、出資持分という概念がないため相続税法上、評価する必要がないということでしたが、基金についてもそうであると考えればよいのでしょうか、教えてください。

　基金拠出型医療法人の基金は債権に該当し、相続税法上も債権の評価に準じて評価することとなりますので、評価額はその拠出額がベースになるものと考えられます。

解説

1　基金拠出型医療法人とは

　基金拠出型医療法人は、持分の定めのない社団医療法人の一形態です。基金拠出型医療法人の場合、基金の拠出者たる社員が法人を退社したときには、当初拠出した額を限度として基金が退社する拠出者に返還されます。また、医療法人が解散した場合にも、同様に当初拠出した額を限度として基金が拠出者に返還されます。いずれの場合も、留保利益である剰余金の部分は拠出者には返還されないこととなり、医療法人の非営利性が貫かれることとなります。

　このような性質から、基金拠出型医療法人の社員の地位は、基金への出

資者ではなく「拠出者」であるととらえられます。

なお、既存の持分の定めのある社団医療法人は、当分の間[13]存続することとされています（経過措置型医療法人、改正医療法附則10②）。

2　基金拠出型医療法人の基金の意義

(1)　基金制度

厚生労働省の通達によれば、基金とは、社団である医療法人で持分の定めのないものに拠出された金銭その他の財産であって、当該医療法人が拠出者に対して定款の定めに従い返還義務を負うものであり、剰余金の分配を目的としない医療法人の基本的性格を維持しつつ、その活動原資となる資金を調達し、その財産的基礎の維持を図るための制度である、とされています（医政発第0330051号）。

なお、財団医療法人は基金制度を導入することはできません。

(2)　基金拠出型医療法人の特徴

上記通達に基づき基金拠出型医療法人の特徴を挙げれば、次のとおりとなります。

① 持分の定めのない医療法人である。
② そこに拠出された金銭その他の財産である「基金」を有する。
③ 基金は拠出者への返還義務を有する。
④ 剰余金の分配は行わない。
⑤ 基金を財産的基礎とし活動を行う。

上記特徴のうち、②についてですが、基金は「金銭その他の財産」とあります。ここで、金銭以外の財産を拠出する場合、そのような財産（現物拠出財産）の価額が相当であることについて、弁護士、公認会計士、税理士等の証明を受けなければなりません（医政発第0330051号）。また、財産

---

[13] 法令等でいつまでと明示されていないが、仮に存続打ち切りとなり他の組織形態への改組を余儀なくされるとしても、一定期間の経過措置が認められると考えられる。

に不動産が含まれる場合には、不動産鑑定士の鑑定評価を受ける必要があります。なお、例外として、市場価格のある有価証券、医療法人に対する金銭債権、現物拠出財産の総額が500万円を超えない場合には、弁護士等の証明は不要です。

③の「基金は拠出者への返還義務を有する」という特徴についてみると、法的には法人にとっての借入金（負債）のような性格のものと考えられますが、利息を付すことはできず（医療法人施行規則30の37②）、会計上は「資本」と認識されることから「純資産の部」に表示されます。基金は破産法上、約定劣後破産債権に位置づけられ、当該医療法人が破産手続を開始した場合には、基金の返還は他の債権に劣後する性格を有しており、また、解散の場合も同様に約定劣後債権と扱われることから、基金の資本としての性格が裏づけられると思われます。

④ですが、医療法人は基本的に医療法上この特徴をもっています。ところが、従来の持分の定めのある社団医療法人の出資者には、「退社時の持分払戻請求権」と「解散時の残余財産分配請求権」という2種類の財産権があり、非営利性という面では不徹底な組織形態でした。基金拠出型医療法人は、その点が改められ、前者については含み益（剰余金）の分配を禁止し、後者については社員総会の決議により原則として下記の者に残余財産を帰属させることとなりました。

ア．国
イ．地方公共団体
ウ．医療法第31条に定める公的医療機関の開設者（日赤等）
エ．郡市区医師会または都道府県医師会（一般社団法人または一般財団法人に限る）
オ．財団医療法人または社団医療法人であって持分の定めのないもの

⑤の特徴ですが、基金を拠出者に返還し、法人の財産的基礎が揺らぐことを回避するため、基金を返還する場合には、返還基金に相当する金額を「代替基金」として計上することが義務づけられています（医療法人施行規

則30の38③)。なお、この代替基金は取り崩すことができません(医療法人施行規則30の38④)。

3 基金の評価

上記から、基金拠出型医療法人の基金は債権(約定劣後破産債権)に該当するため、相続税法上も債権の評価に準じて評価することとなると考えられます。

債権は一般に、元本の価額と利息の価額との合計額で評価します(評基通204)。しかし、基金は医療法上、債権であるといっても利息を付すことはできないことから(医療法人施行規則30の37②)、元本の価額(=拠出額)のみを評価することになると考えられます。したがって、基金拠出型医療法人の基金の評価額は、その拠出額がベースになるものと考えられます。

第2節 事業承継と相続税・贈与税

Q2-6 平成25年度の相続税の改正の内容は？

平成25年度の税制改正で、相続税および贈与税が大幅に変更されたと聞きましたが、そのうち相続税についてはどのような改正内容だったのでしょうか、教えてください。

相続税については、基礎控除の4割切下げが行われたため、納税者数の大幅な増大が見込まれます。また、税率構造が改められ、最高税率が50％から55％に引き上げられました。

解説

1 相続税改正の内容──基礎控除の引下げ

日本の富裕層にとって、平成25年度の税制改正はきわめてインパクトのあるものでした。いうまでもなくそれは、昭和63年の抜本的改正以来課税の軽減を行ってきた相続税制に関し、ついに増税へと舵を切った改正であったためです。以下で平成25年度の相続税改正の内容をみていきましょう。

図表 2 - 11　相続税の基礎控除額の改正

改正前	5,000万円 ＋ 1,000万円 × 法定相続人の数

改正後	3,000万円 ＋ 600万円 × 法定相続人の数

(1) 基礎控除の引下げ

　相続税増税に関し、最もインパクトのある改正事項は基礎控除の引下げです。すなわち、改正前後で相続税の基礎控除額は、**図表 2 - 11**のとおり 4 割引下げられています（相法15①）。財務省によれば、これによる相続税の増収は2,570億円と見積もられています[14]。

　なお、上記改正は、平成27年1月1日以後に相続または遺贈により取得する財産に係る相続税について適用されます（改正医療法附則1五ロ）。

(2) 基礎控除引下げの背景

　相続税の基礎控除は、バブル経済による地価高騰等を理由に、昭和63年以降数次にわたって引き上げられてきました。一方、バブル経済崩壊後地価は大幅に下落したにもかかわらず基礎控除額が据え置かれたため、相続税の負担水準は昭和63年の抜本改正以前の水準に比べ大幅に軽減されていました[15]。その結果、相続税の持つ富の再分配機能[16]が減殺され、格差社会の是正が叫ばれる中でそのような状態が問題視されるようになりました。

---

[14] 財務省編『平成25年度改正税法のすべて』944頁
[15] 財務省前掲注14書567頁
[16] 水野忠恒『租税法（第5版）』（有斐閣・2011年）633頁

第2章 医療法人の事業承継の実務

図表2-12 地価公示価格指数と相続税の基礎控除額の推移

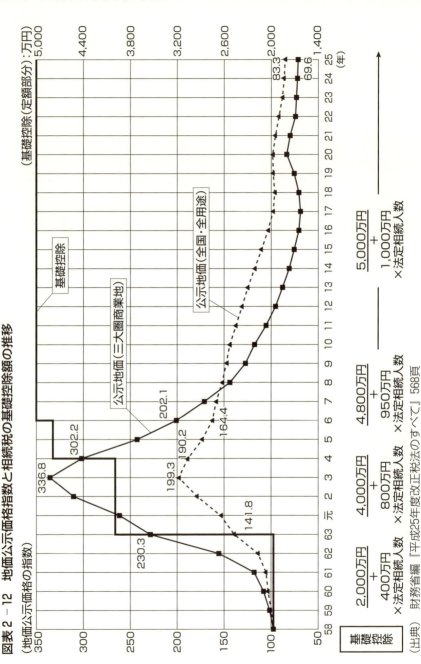

第 2 節　事業承継と相続税・贈与税

図表 2−13　相続税の課税割合、負担割合および税収の推移

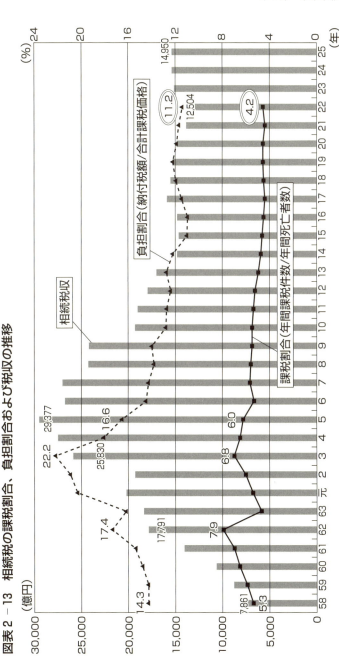

(注 1)　相続税収は各年度の税収であり、贈与税収を含む（平成 23 年度以前は決算額、平成 24 年度は補正後予算額、平成 25 年度は予算額）。
(注 2)　課税件数、納付税額、納付税額及び合計課税価格は「国税庁統計年報書」により、死亡者数は「人口動態統計」（厚生労働省）による。
(出典)　財務省編『平成 25 年度改正税法のすべて』568 頁

113

このような状況下で、民主党政権時に俎上に載せられ、東日本大震災後の税制改正論議の迷走の中、一度は見送られたものの、自民党が政権復帰後の最初の税制改正で再登場したのが、当該相続税法の改正項目でした。当該改正の結果、法定相続人の数の変動に伴う基礎控除額の縮減のイメージを図示すると、**図表2－14**のようになります。

図表2－14　法定相続人の数の変動に伴う基礎控除額の縮減（平成25年度税制改正前後）

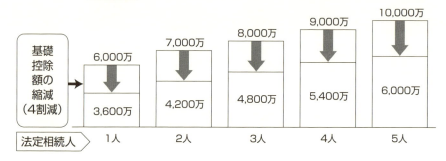

2　相続税改正の内容──相続税率の引上げ

もう1つは相続税・贈与税の税率構造の見直し、すなわち相続税率の引上げです。以下にみるように、わが国の相続税制は累進課税を採用していますが、基本的に、昭和63年度の抜本的改正以降一貫して税率構造を緩和化（ブラケット幅の拡大、ブラケット数の縮小および最高税率の引下げ等）してきました。

図表 2 - 15 相続税の税率構造の推移

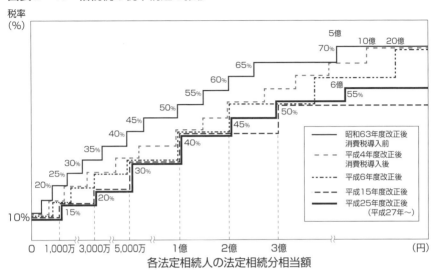

(出典) 財務省ホームページ

　これまでのそのような措置は、特に財務省が相続税の有する資産再分配機能を低下させる要因になっているという問題意識をもっていたことから、所得税の最高税率引上げと合わせる形で、平成25年度の税制改正により相続税の最高税率を50％から55％に引上げることとなりました（相法16)[17]。これによる相続税の税収増は210億円と見積もられています[18]。

　改正前後の相続税の税率構造は**図表 2 - 16**のとおりとなります。

---

[17] 財務省前掲注14書569－570頁
[18] 財務省前掲注14書944頁

図表2-16 相続税の税率構造

改 正 前			改 正 後		
法定相続人の取得金額	税率	控除額	法定相続人の取得金額	税率	控除額
1,000万円以下	10%	−	1,000万円以下	10%	−
3,000万円以下	15%	50万円	3,000万円以下	15%	50万円
5,000万円以下	20%	200万円	5,000万円以下	20%	200万円
1億円以下	30%	700万円	1億円以下	30%	700万円
3億円以下	40%	1,700万円	2億円以下	40%	1,700万円
3億円超	50%	4,700万円	3億円以下	45%	2,700万円
			6億円以下	50%	4,200万円
			6億円超	55%	7,200万円

(注) 上記表中アミ掛け部分が税率アップを意味する。

-7　平成25年度の贈与税の改正の内容は？

平成25年度の税制改正で、相続税および贈与税が大幅に変わったと聞きましたが、そのうち贈与税についてはどのような改正がなされたのでしょうか、教えてください。

贈与税については、相続税とは異なり、税率構造の見直しにより原則として減税となるような見直しがなされるとともに、相続時精算課税制度の適用対象者の拡大や教育資金の一括贈与の特例が導入される等、生前贈与を促すような改正がなされました。

解説

1　贈与税の税率構造の見直し

　平成25年度の税制改正で、贈与税の税率構造（暦年課税）は相続税の改正と合わせる形で、**図表2－17**のとおり見直しがなされています（相法21の7、措法70の2の4①）。

図表2-17 贈与税の税率構造

改正前			改正後					
すべて			一般			20歳以上の者が直系尊属から贈与を受けた場合		
課税価格	税率	控除額	課税価格	税率	控除額	課税価格	税率	控除額
200万円以下	10%	―	200万円以下	10%	―	200万円以下	10%	―
300万円以下	15%	10万円	300万円以下	15%	10万円	400万円以下	15%	10万円
400万円以下	20%	25万円	400万円以下	20%	25万円	600万円以下	20%	30万円
600万円以下	30%	65万円	600万円以下	30%	65万円	1,000万円以下	30%	90万円
1,000万円以下	40%	125万円	1,000万円以下	40%	125万円	1,500万円以下	40%	190万円
1,000万円超	50%	225万円	1,500万円以下	45%	175万円	3,000万円以下	45%	265万円
			3,000万円以下	50%	250万円	4,500万円以下	50%	415万円
			3,000万円超	55%	400万円	4,500万円超	55%	640万円

(注) 上記アミ掛け部分が税率アップを意味する。

　相続税の場合と異なり、贈与税は単純な増税ではなく、高齢者層が保有する資産をより早期に現役世代に移転させる観点から、20歳以上の者が直系尊属から受ける贈与（死因贈与を除く）について、租税特別措置法により税率構造を緩和する措置を講じています[19]。これは、総務省の発表する「全国消費実態調査」（2人以上の世帯）の世帯主の年齢階級別資産残高等（**図表2-18**参照）から読み取れるように、最近では資産の多くを高齢者が保有しているという実態が背景にあるといえます。そのため、平成25年度税制改正では併せて、相続時精算課税制度の適用対象となる贈与に係る贈与者の年齢要件を、贈与した年の1月1日において60歳以上（改正前65歳以上）に引き下げられています（相法21の9①）。

---

[19] 財務省前掲注14書570頁（注1）

図表 2 - 18　世帯主の年齢階級別資産残高の分布（平成元年および21年の比較）

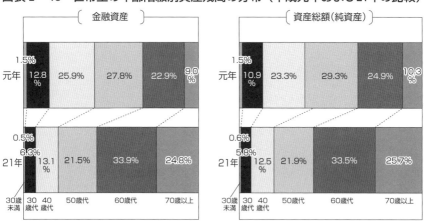

（出典）　財務省編『平成25年度改正税法のすべて』572頁

　相続税法の改正前後の贈与税（暦年課税）の税率表は**図表 2 - 17**（既出）のとおりですが、それに基づいて計算される改正前後の贈与税額の違いは**図表 2 - 19**のとおりとなります。

図表2-19 相続税法の改正前後の贈与税額の違い(暦年課税・早見表)

贈与額 (基礎控除前)	改正前	改正後(平成27年1月1日以降の贈与)	
		一般	直系卑属
100万円	0	0	0
200万円	9万円	9万円	9万円
300万円	19万円	19万円	19万円
400万円	33.5万円	33.5万円	33.5万円
500万円	53万円	53万円	48.5万円(△4.5万円)
600万円	82万円	82万円	68万円(△14万円)
700万円	112万円	112万円	88万円(△24万円)
800万円	151万円	151万円	117万円(△34万円)
900万円	191万円	191万円	147万円(△44万円)
1,000万円	231万円	231万円	177万円(△54万円)
1,500万円	470万円	450.5万円(△19.5万円)	366万円(△104万円)
2,000万円	720万円	695万円(△25万円)	585.5万円(△134.5万円)
2,500万円	970万円	945万円(△25万円)	810.5万円(△159.5万円)
3,000万円	1,220万円	1,195万円(△25万円)	1,035.5万円(△184.5万円)
4,000万円	1,720万円	1,739.5万円(19.5万円)	1,530万円(△190万円)
5,000万円	2,220万円	2,289.5万円(69.5万円)	2,049.5万円(△170.5万円)

(注)改正後のカッコ内は改正前からの増減額を示す。

なお、贈与税の税率構造の改正は、平成27年1月1日以後に贈与により取得する財産に係る贈与税について適用されます(改正法附則1五ロ、10②)。

2 相続時精算課税制度の適用対象者の拡大

(1) 相続時精算課税制度の概要

平成15年度の税制改正で、生前贈与を容易にし、次世代への資産の移転を促進する目的で、相続時精算課税制度が導入されました。相続時精算課税制度は納税者の選択(選択しない場合は通常の贈与税の課税(暦年課税)となる)により適用されることとなりますが、その選択に有無による贈与税の課税関係の違いは**図表2-20**のとおりとなります。

図表2-20 相続時精算課税制度の選択

財産の贈与を受けた人（「受贈者」といいます。）は、次の場合に、財産の贈与をした人（「贈与者」といいます。）ごとに相続時精算課税を選択することができます。

相続時精算課税を選択できる場合（年齢は贈与の年の1月1日現在のもの）
- 贈与者　→　60歳以上の親
- 受贈者　→　20歳以上の子である推定相続人
　　　　　　　（平成27年1月1日以降は20歳以上の孫を含みます。）

相続時精算課税を

選択する　→　相続時精算課税

【贈与税】
①贈与財産の価額から控除する金額
　　特別控除額　2,500万円
　前年までに特別控除額を使用した場合には、**2,500万円**から既に使用した額を控除した残額が特別控除額となります。

②税率
　特別控除額を超えた部分に対して、
　<u>一律20%の税率</u>

※「相続時精算課税」を選択すると、その選択に係る贈与者から贈与を受ける財産については、その選択をした年分以降全て相続時精算課税が適用され、「暦年課税」へ変更することはできません。

↓ 相続時に精算

【相続税】
　贈与者が亡くなった時の相続税の計算上、相続財産の価額に相続時精算課税を適用した贈与財産の価額（贈与時の時価）を加算して相続税額を計算します。
　その際、既に支払った贈与税相当額を相続税額から控除します。なお、控除しきれない金額は還付されます。

選択しない　→　暦年課税

【贈与税】
①贈与財産の価額から控除する金額
　基礎控除額　毎年110万円
②税率
　基礎控除後の課税価格に応じ次の速算表で計算します。

◎贈与税の速算表

基礎控除後の課税価格	税率	控除額
200万円　以下	10%	－
300万円　以下	15%	10万円
400万円　以下	20%	25万円
600万円　以下	30%	65万円
1,000万円　以下	40%	125万円
1,000万円　超	50%	226万円

※この速算表の使用方法は、次のとおりです。
（贈与を受けた財産の価額－基礎控除額）×税率
　－控除額＝税額

【相続税】
　贈与者が亡くなった時の相続税の計算上、原則として、相続財産の価額に贈与財産の価額を加算する必要はありません。
　ただし、相続開始前3年以内に贈与を受けた財産の価額（贈与時の時価）は加算しなければなりません。

（出典）　国税庁「平成25年分贈与税の申告のしかた」1頁を一部改変

(2) 相続時精算課税制度の要件

相続時精算課税制度の要件は以下のとおりです。

① 贈与者および受贈者の要件

贈与者（特定贈与者）は65歳以上の親、受贈者は20歳以上の推定相続人（贈与者の直系卑属）です（相法21の9①）。

ただし、平成25年度の税制改正で、生前贈与を促進する観点から制度が拡充され、平成27年1月1日以降の贈与については、贈与者は60歳以上に引き下げられ（改正相法21の9①）、受贈者は20歳以上の推定相続人および孫とされました（措法70の2の5①）。

② 住宅取得資金の贈与の特例

平成26年1月1日から12月31日までの間に、父母や祖父母から子や孫に住宅取得資金の贈与を行い、その資金の受贈者（特定受贈者、ただし合計所得が2,000万円以下）が平成27年3月15日までに住宅を取得し居住を開始している場合には、その住宅が省エネ・耐震対応住宅の場合は1,000万円まで、一般住宅の場合は500万円まで非課税[20]とされます（措法70の2）。

当該特例による非課税額は、暦年課税または相続時精算課税制度の非課税枠と合算して使用することができます（措法70の3）。

③ 選択の方法

相続時精算課税制度の選択を行おうとする受贈者は、最初の贈与を受けた年の翌年2月1日から3月15日までの間にその旨等を記載した届出書を所轄税務署長に提出する必要があります（相法21の9②）。

④ 特別控除額

相続時精算課税制度の控除額（特別控除額）は特定贈与者ごとに2,500

---

[20] 東日本大震災の被災者については、非課税枠は省エネ・耐震対応住宅の場合は1,500万円まで、一般住宅の場合は1,000万円までとされている（東日本大震災の被災者等に係る国税関係法律の臨時特例に関する法律38の2②六）。

万円です（累積額、相法21の12）。

⑤　税率

相続時精算課税制度の適用者が特定贈与者から受けた贈与額（贈与時の時価で評価、相法21の16③）から、複数年にわたり利用できる上記非課税枠（特別控除額）を控除した後の金額に一律20％の税率を乗じて贈与税額を計算します（相法21の13）。

⑥　精算課税

相続時精算課税制度を選択した受贈者は、贈与者の相続発生時に、相続時精算課税制度の適用対象となる贈与財産と相続財産とを合算して相続税額を計算したのち、当該制度によりすでに納付した贈与税相当額を控除することとなります（相法21の14、15、16）。控除しきれない税額があるときは還付されます（相法33の2）。

⑦　暦年課税との比較

贈与税の暦年課税と相続時精算課税制度とを比較すると**図表2‑21**のとおりとなります。

図表2‐21　暦年課税と相続時精算課税制度の比較表（平成27年1月1日以降）

	暦年課税	相続時精算課税制度
贈与者および受贈者	個人間であれば特に要件なし	贈与者：60歳以上の親 受贈者：20歳以上の推定相続人および孫
選択	不要	必要（一度選択したら相続時まで継続適用）
課税時期	贈与時	贈与時
控除	基礎控除110万円（毎年）	特別控除2,500万円（限度額まで複数回使用可）
税率	図表2‐17のとおり（10%～55%の8段階）	特別控除額を超えた部分につき一律20%
相続時	相続開始前3年以内の贈与は相続財産に要加算	贈与財産を贈与時の時価で相続財産に合算（既に納付した贈与税相当額は相続税額から控除）
メリット	・長期にわたり計画的に贈与を行えば多額の贈与が可能となる	・一度に多額の贈与が可能 ・将来値上がりが見込める財産の贈与による相続税対策が可能
デメリット	・短期間では相続税対策の効果が薄い	・一度選択すると暦年課税に戻れない ・贈与財産が将来値下がりすると相続税対策上逆効果

3　教育資金の一括贈与に係る贈与税の非課税措置

また贈与税に関しては、平成25年度の税制改正で、「教育資金の一括贈与に係る贈与税の非課税措置」が時限措置として導入されました（措法70の2の2）。

これは、平成25年4月1日から平成27年12月31日までの間に、祖父母等の直系尊属（贈与者）から30歳未満の個人（受贈者）に対し、教育資金に充てるため金融機関等との一定の契約に基づき、

① 信託受益権が付与された場合
② 書面による贈与により取得した金銭を金融機関に預け入れた場合

③ 書面による贈与により取得した金銭により証券会社等で有価証券を購入した場合

には、当該信託受益権または金銭等の価額のうち1,500万円までは、金融機関等の営業所等を通じて「教育資金非課税申告書」を提出することで、贈与税が非課税となる措置です（上記①〜③を「教育資金口座の開設等」という）。

この制度の概念図を示すと**図表2-22**のとおりとなります。

図表2-22 制度の概要

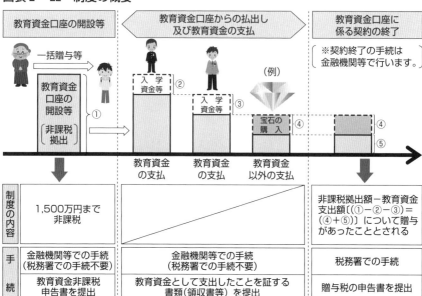

（出典） 国税庁「直系尊属から教育資金の一括贈与を受けた場合の贈与税の非課税に関するQ&A」（平成25年4月）5頁

直系尊属から教育資金の一括贈与を受けた場合の贈与税の非課税規定における「教育資金」の意義は、以下のようになります（措法70の2の2②一、措令40の4の3⑥）。

(1) 学校等に対して直接支払われる以下のような金銭
　① 入学金、授業料、入園料、保育料、施設設備費または入学・入園の検定料
　② 学用品、修学旅行費、学校給食費等、学校等における教育に伴って必要な費用
(2) 学校等以外に対して直接支払われる以下のような金銭で社会通念上相当と認められるもの
　③ 教育（学習塾やそろばん等）に対する役務提供の対価や施設の使用料等
　④ スポーツ（水泳や野球等）または文化芸術に関する活動（ピアノや絵画など）その他教養の向上のための活動に係る指導への対価
　⑤ 上記③および④で使用する物品の購入に要する金銭
　⑥ 上記②にあてるための金銭で、学校等が必要と認めたもの

　ここで留意すべきは、上記「学校等以外に対して直接支払われる金銭」は500万円が非課税限度額であり、かつ1,500万円の非課税限度額の内数であることです（措法70の2の2⑪）。

　なお、教育資金として利用したことを証明するため、受贈者は学校の領収書等を金融機関等に提出する必要があります（措法70の2の2⑦）。

　教育資金贈与信託の受託状況は**図表2−23**のとおりで、平成26年3月末現在で契約件数が67,073件、信託財産設定額が4,476億円です。

第2節　事業承継と相続税・贈与税

図表2－23　教育資金贈与信託の受託状況

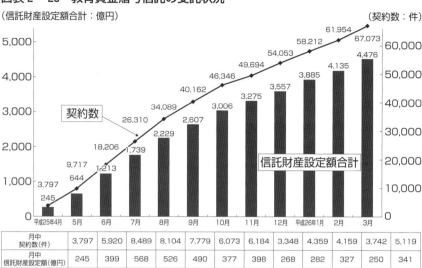

（出典）　一般社団法人信託協会ホームページ

　なお、平成27年度の税制改正で当該非課税措置が平成31年3月31日まで延長されるとともに、教育資金の使途に通学定期券代や留学渡航費が追加されました。加えて、平成27年度の税制改正では新たに「結婚・子育て資金の一括贈与に係る贈与税の非課税措置」が導入されました。

平成25年度の相続税・贈与税の改正は医療法人の事業承継にどのような影響があるのか？

　平成25年度の相続税・贈与税の改正により、富裕層のみならず都市部のサラリーマン層も相続税の納税者になり得るということで、現在非常に大きな注目を集めています。それでは、当該改正は医療機関の事業承継にどのような影響を与えると考えられるでしょうか、教えてください。

　相続税の基礎控除額の引下げは医療機関の事業承継にも影響を及ぼす他、医療法人の理事長保有の土地の上に診療所を開設している場合には、小規模宅地等の評価減の特例の改正の影響もあるものと考えられます。

解説

1　相続税の基礎控除額の引下げ

　Q2－6で説明しましたとおり、平成25年度の税制改正で相続税の基礎控除の引下げが行われましたが、これはあらゆる納税者・相続人に影響を及ぼす重要な改正といえます。すなわち、仮に医療法人の出資持分につき認定医療法人に係る相続税・贈与税の納税猶予制度の適用を受けることができたとしても、その他の財産、中でも金融資産が基礎控除額を超えると、その分につき相続税が課されるためです。

　したがって、出資持分の定めのある社団医療法人の理事長はもちろんのこと、そうでない医療法人の理事長についても、通常の相続財産がどの程

度あるのか把握し、それが引下げ後の相続税の基礎控除額を超えている場合には、生命保険等によりその納税資金を準備するといった対策が必要になるものと考えられます。

2　小規模宅地等に係る評価減の特例の改正

　平成25年度の税制改正では、併せて小規模宅地等の評価減の特例についても以下のとおり改正事項がありました。

(1)　適用上限面積の拡大

　特定居住用宅地等の適用上限面積が、改正前の240㎡から330㎡へと拡大されました。

(2)　特定居住用宅地等と特定事業用宅地等との特例の併用が可能に

　特定居住用宅地等の適用上限面積（330㎡）と特定事業用宅地等の適用上限面積（400㎡）とが併用（完全併用）可能となりました。すなわち、小規模宅地等の評価減の特例に関し、特定居住用宅地等と特定事業用宅地等でのみ適用を受ける場合、合計最大730㎡まで適用を受けることが可能となりました。

　たとえば、理事長個人が保有する土地を医療法人に貸付け、その上に医療法人が診療所の建物を建設している場合や、理事長個人が保有する土地の上に自ら建設した診療所の建物を医療法人に貸し付けている場合には、小規模宅地等の評価減の特例のうち特定同族会社事業用宅地等に該当するものとして、適用上限面積（400㎡）まで80％の評価減の適用があります（措法69の4③三）。

　医療法人に対する小規模宅地等の評価減の特例の適用については、**Q2－9**を参照してください。

医療法人に関する小規模宅地等の評価減の特例の留意事項は何か？

前問で、医療法人の理事長がその保有する土地を法人に対して貸し出している場合であっても、小規模宅地等の評価減の特例の適用があることがわかりました。それでは、当該特例の適用に関し留意点があれば教えてください。

医療法人の理事長がその医療法人に自らの保有する土地を診療所の敷地として貸しつけている場合、当該土地は一般に特定同族会社事業用宅地等に該当するものとして、適用上限面積（400㎡）まで80％の評価減の適用がありますが、理事長が当該貸付につき相当の対価を得て継続的に行う必要があります。

解説

1　特定同族会社事業用宅地等の特例

相続税の特例のうち最も汎用性がありかつ効果的なものが、小規模宅地等の評価減の特例であるといえます。もっとも、小規模宅地等の評価減の特例はあくまで「相続税」の特例であるため、宅地等の保有者は個人である被相続人である必要があります。したがって、医療法人が保有する土地については当該特例の適用はありません。まずはこのことに留意する必要があります。

一方、医療法人の理事長が自らの保有する土地を医療法人が経営する診療所等の敷地として貸しつけている場合、当該土地は一般に特定同族会社

事業用宅地等に該当するものとして、適用上限面積（400㎡）まで80％の評価減の適用があります（措法69の4③三）。

2 特定同族会社事業用宅地等の適用がある貸付

医療法人の理事長が医療法人に対して貸しつけている土地に関し、特定同族会社事業用宅地等の評価減の適用を受ける場合、以下の2つのケースが考えられます。

① 理事長が自ら保有する土地を医療法人に貸しつけ、医療法人が当該土地に診療所等の建物を建設するケース

図表2－24

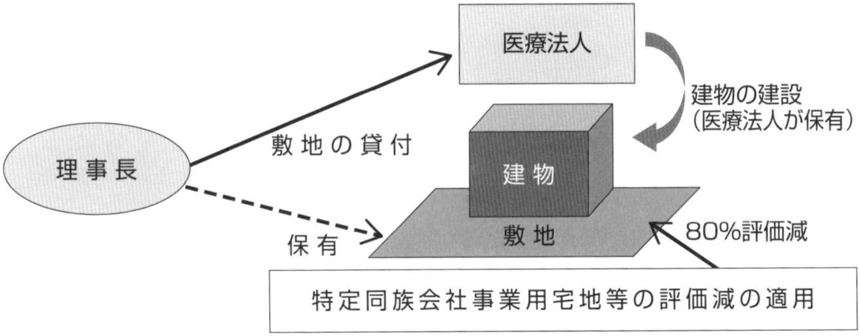

② 理事長が自ら保有する土地の上に診療所等の建物を建設し、その建物を医療法人に貸しつけているケース

図表2-25

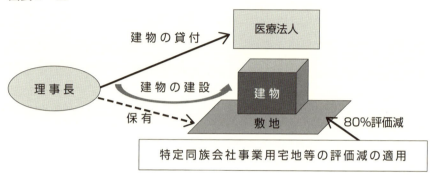

なお、この場合、医療法人に貸しつけている診療所等の建物は理事長本人の所有のみならず、理事長と生計を一にする親族が所有する場合であっても、当該親族が建物の敷地につき理事長から無償で借り受けている場合には適用があります（措通69の4-23（2））。

3 特定同族会社事業用宅地等の適用要件

特定同族会社事業用宅地等の適用がある「事業用宅地等」とは、被相続人等の事業用宅地等のうち、以下のすべての要件に該当するものをいいます（措法69の4③三）。

(1) 被相続人の要件
① 被相続人である理事長が自らの保有する不動産を医療法人に対し、相当の対価を得て継続的に貸しつけていること
② 被相続人である理事長およびその親族その他理事長と特別の関係がある者が医療法人の出資の10分の5超を所有していること（同族会社要件）

(2) 相続人の要件

③ 医療法人の事業の用に供されている宅地等を相続または遺贈により取得（宅地全部でなくても構わない）した親族の中に、相続税の申告期限において、その医療法人の役員がいること（法人役員要件）

④ その宅地等を取得した上記③に該当する役員である親族が、相続開始時から相続税の申告期限まで引き続きその宅地等を所有し、かつその宅地等が相続税の申告期限まで引き続き医療法人の事業に供されていること（保有継続要件）

4　併用する場合の限度面積

　小規模宅地等の評価減の特例には、本問で検討した「特定同族会社事業用宅地等」を含む「特定事業用宅地等」に係るものの他、「特定居住用宅地等」および「貸付事業用宅地等」に係るものがあります。平成27年1月1日以降のそれぞれの適用対象限度面積と減額割合は**図表2－26**のとおりです（措法69の4②）。

図表2－26　小規模宅地等の評価減の特例に係る適用対象限度面積と減額割合

特例の種類	適用対象限度面積	減額割合
特定事業用宅地等　または 特定同族会社事業用宅地等	400㎡	80%
特定居住用宅地等	330㎡	80%
貸付事業用宅地等	200㎡	50%

　ただし、被相続人が保有する宅地等に上記特例の適用があるものが複数ある場合には、納税者の選択により、対象宅地等のうち一定の面積までの部分について減額されることとなります（措法69の4①）。平成27年1月1日以降において特例を併用する場合の限度面積の計算は**図表2－27**のとおりとなります（措法69の4②三）。

図表2-27 特例を併用する場合の限度面積の計算

併用する特例の種類	限度面積
特定事業用等宅地等[21]のみの場合	400㎡
特定事業用等宅地等および特定居住用宅地等の場合	730㎡
特定事業用宅地等（A）、特定居住用宅地等（B）および貸付事業用宅地等（C）のすべてが混在している場合	以下の算式による

$$A \times \frac{200}{400} + B \times \frac{200}{330} + C \leqq 200㎡$$

5 その他の留意事項

　小規模宅地等の評価減の特例は、相続税の申告期限までに分割されていることが要件となります（措法69の4④）。また、その適用を受ける際には、相続税の申告書に遺言書の写しまたは遺産分割協議書の写しを添付する必要があります（措規23の2⑦一ハ）。

　ここでいう「遺産分割協議書の写し」ですが、上記措置法施行規則では「全ての共同相続人及び包括受遺者が自署し、自己の印を押しているものに限る」とあります。自署というのは自分の名前を筆記することを指すことから、実務上はともかく、少なくとも法律上は「ワープロで打ち出された名前」ではこの要件を満たさないことになりますので、ご注意ください。なお、当該要件は配偶者に対する相続税額の軽減（相法19の2）等とは異なり、いわゆる「当初申告要件[22]」に該当し、平成23年度の税制改正後も更正の請求では補正できない点も悩ましいところです。

---

[21] 特定事業用宅地等または特定同族会社事業用宅地等をいう（措法69の4②一）。
[22] 当初申告要件については、拙著『修正申告と更正の請求の対応と実務』（清文社・2013年）8－9、152頁参照。

医療法人に貸しつけている土地に関し「土地の無償返還に関する届出書」を提出している場合の評価は？

　私はある医療法人の理事長兼院長ですが、自分の保有する先祖代々の土地を診療所の敷地とするため医療法人に貸しつけています。この賃貸借契約に関して、私は医療法人から通常の地代を受けていますが、一方で特に権利金は受領していません。また、当該賃貸借契約に関し、私と医療法人とで連名で税務署長に対し「土地の無償返還に関する届出書」を提出しています。この場合、私が将来死んで相続が発生したときの相続税の申告において、医療法人に貸しつけている当該土地はどのように評価するのでしょうか、教えてください。

　相続税法上、貸宅地として評価されるため20％の評価減の対象となる他、特定同族会社事業用宅地等に該当する場合には、400㎡まで80％の評価減が受けられることとなります。

解説

1　無償返還の届出

　個人所有の土地の上に建物を建設する際、当該土地の賃貸借契約を締結することとなりますが、その際地域によっては権利金の授受を行うという取引上の慣行があるケースがあります。このような土地の賃貸借契約について、法人である賃借人が相当な地代を支払わず、また権利金も支払わないような場合には、法人税法上、権利金相当額について受贈益の認定課税が行われることとなります（法令137、法基通13－1－3）。

ただし、実務的には、土地所有者と法人である賃借人とが契約を交わして、権利金の授受を行わないかわりに、将来当該土地を無償で返還する旨を契約書に定めることが一般的です。なぜなら、これにより、土地所有者と法人である賃借人とが連名でその旨を納税地を所管する税務署長に届け出ること（「土地の無償返還に関する届出書」による）で、権利金の認定課税が行われないからです（権利金の認定見合せ、法基通13－1－7）。

図表2－28　権利金の授受の慣行があるケースにおける無償返還の届出

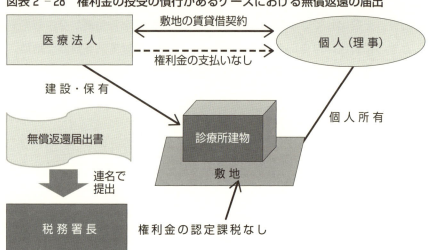

2　貸宅地の評価

それでは、医療法人の理事長である院長個人がその保有する土地を医療法人に貸しつけ、当該土地の上に医療法人が診療所の建物を建設して医療を提供しているとき、理事長に相続が発生した場合、当該土地の評価はどうなるのでしょうか。このとき、土地の賃貸借契約に基づき、医療法人は理事長に対して通常の賃借料（相当の地代）を支払っているものの、権利金の授受の慣行がある地域であるにもかかわらず権利金は支払っていない

ため、権利金の認定課税を回避する目的で、賃貸人・賃借人の連名により「土地の無償返還に関する届出書」を提出しているものとします。

この場合、当該土地は相続税法上「貸宅地」と扱われ、自用地の評価額の80％で評価されることとなります（評基通25、昭43直資3－22）。

3　特定同族会社事業用宅地等の評価減

また、当該土地はQ2-92①に該当する余地がありますので、同問**3**の各要件に該当する場合には、特定同族会社事業用宅地等の80％評価減が適用される可能性があります。したがって、仮に理事長が保有する宅地等の自用地としての相続税評価額が9,000万円（300㎡）の場合、それが貸宅地に該当し、かつ特定同族会社事業用宅地等の評価減の適用もあるときには、その評価額は以下のとおりとなります。

$$9{,}000万円 \times \underbrace{(1-20\%)}_{貸宅地評価} \times \underbrace{(1-80\%)}_{小規模宅地等の評価減} = 1{,}440万円$$

4　「土地の無償返還に関する届出書」の記載例

「土地の無償返還に関する届出書」の記載例は**図表2－29**のとおりです。

第2章 医療法人の事業承継の実務

図表2-29 土地の無償返還に関する届出書

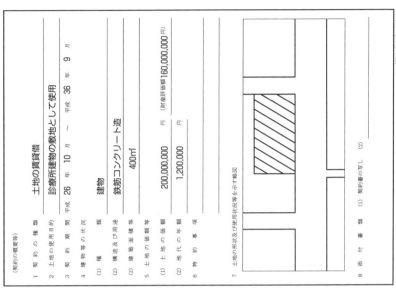

138

第2節　事業承継と相続税・贈与税

 基金拠出型医療法人に貸しつけている土地に対して小規模宅地等の評価減の特例の適用はあるのか？

　私は内科医で医療法人の理事長兼院長を務めています。私の経営する診療所はもともと個人立でしたが、顧問税理士から医療法人化を勧められたため、数年前に持分なしの社団医療法人である基金拠出型医療法人に改組しました。その際、診療所の敷地は私の名義のままとし、診療所の建物を医療法人名義としたため、私と医療法人との間で診療所敷地に関する賃貸借契約を締結しました。現在当該契約に基づき、医療法人は私に対し周辺相場並みの地代を支払っていますが、権利金は支払っていないため、所轄税務署長に対し連名で「土地の無償返還に関する届出書」を提出しています。この場合、仮に将来私の相続が発生したとき、診療所敷地に関して特定同族会社事業用宅地等の評価減の特例の適用は受けられるのでしょうか、教えてください。

　本件の場合、敷地を賃借している医療法人が出資持分の定めのない基金拠出型医療法人であるため、特定同族会社事業用宅地等の評価減の特例の適用要件のうち、被相続人である理事長およびその親族その他理事長と特別の関係がある者が医療法人の出資の10分の5超を所有していることという要件を満たすことができないことから、特例の適用はないものと考えられます。

解説

1　特定同族会社事業用宅地等の評価減の特例の適用要件

本件は医療法人の理事長である個人が医療法人に対して診療所建物の敷地を賃貸借しているケースですので、特定同族会社事業用宅地等の評価減の特例が適用される可能性があります。

図表２－30　診療所敷地賃貸借契約

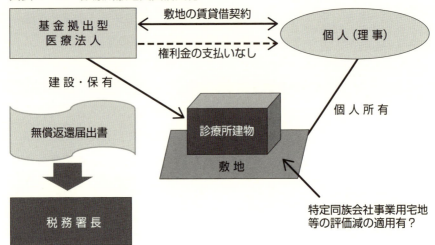

Ｑ２－９でみたとおり、理事長である個人が医療法人に対して診療所建物の敷地を賃貸している場合、特定同族会社事業用宅地等の評価減の特例に係る適用要件は以下のとおりです（措法69の４③三、措規23の２④）。

(1)　被相続人の要件

① 被相続人である理事長が自らの保有する不動産を医療法人に対し、相当の対価を得て継続的に貸しつけていること

② 被相続人である理事長およびその親族その他理事長と特別の関係がある者が医療法人の出資の10分の５超を所有していること（同族会社要件）

(2)　相続人の要件

③ 医療法人の事業の用に供されている宅地等を相続または遺贈により

取得（宅地全部でなくても構わない）した親族の中に、相続税の申告期限において、その医療法人の役員がいること（法人役員要件）
④　その宅地等を取得した上記③に該当する役員である親族が、相続開始時から相続税の申告期限まで引き続きその宅地等を所有し、かつその宅地等が相続税の申告期限まで引き続き医療法人の事業に供されていること（保有継続要件）

2　基金拠出型医療法人と特定同族会社事業用宅地等の評価減の特例

　それでは、基金拠出型医療法人に敷地を貸しつけている場合、当該敷地につき特定同族会社事業用宅地等の評価減の特例の適用はあるのでしょうか。この場合留意すべきは、基金拠出型医療法人が出資持分の定めのない社団医療法人であるという点です。そのため、上記**1**に挙げられた要件のうち、原理的に(1)②の要件（同族会社要件）を満たすことが不可能となります。

　したがって、基金拠出型医療法人については、特定同族会社事業用宅地等の評価減の特例の適用はないこととなります。

第3節 持分なしの医療法人への移行に係る課税

Q2-12 持分の定めのある社団医療法人から基金拠出型医療法人へ移行した場合の課税関係は？

私は現在、医師である夫が経営する医療法人において経理全般を担当しています。このたび夫の指示で、現在の持分の定めのある社団医療法人を相続税の問題が少ないとされる基金拠出型医療法人に移行させるとどのような問題が生ずるのか、検討しているところです。当該移行に関しどのような課税問題が生じるのでしょうか、教えてください。

持分の定めのある社団医療法人から基金拠出型医療法人への移行に関しては、通常、医療法人の出資者である社員全員がその出資額部分のみを基金に振り替えるという方法によることになりますが、当該移行に伴う出資者の利益剰余金部分の放棄により相続税や贈与税の負担が不当に減少する結果となると認められるときは、医療法人を個人とみなして贈与税が課されることとなります。

解説

1 持分の定めのある社団医療法人から基金拠出型医療法人への移行

持分の定めのある社団医療法人から基金拠出型医療法人への移行に関しては、通常、医療法人の出資者である社員全員がその出資額部分のみを基金に振り替えるという方法によることになります。これは定款変更のみで行える上（医療法人施行規則30の39①）、社員全員が出資持分を放棄することが必要な**Q2-13**の「持分の定めのある社団医療法人から持分の定めのない社団医療法人への移行」と比べれば、財産権の面でも受け入れやすいものと考えられます。ちなみにこの方法は、2014年1月23日付厚生労働省「持分の定めのない医療法人への移行に係る質疑応答集（Q&A）について」のQ2において取り上げられている方法です。

図表2-31　持分の定めのある社団医療法人から基金拠出型医療法人への移行

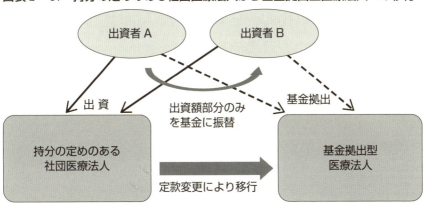

2　移行時の課税関係

　基金拠出型医療法人への移行時の課税関係は、大きく出資者に対するものと医療法人に対するものとに分けられます。

(1) **出資者に対する課税**

　まず出資者は当該振替により、出資持分のうち利益剰余金部分の放棄を

行うこととなりますが、これについては出資者が贈与により取得した部分の金額はないものと考えられます。

次に当該振替により、出資者に対するみなし配当課税が問題となり得ます。すなわち、税務上、出資者はまず出資額相当額の払戻しを受け、その金額全額を基金として医療法人に拠出したものと取り扱われるのです。しかし、利益剰余金部分は基金として振り替えられないため、所得税法上みなし配当に相当する金額はないものと考えられます。

(2) 医療法人に対する課税

次に、移行に伴い出資者全員が放棄した利益剰余金部分について、税務上、医療法人側でどのように取り扱われるのかが問題となります。

① 法人税課税

まず、当該利益剰余金部分につき医療法人が出資者から利益供与を受けたものとして、法人税法上受贈益課税がなされる可能性があります。この点については平成20年度の税制改正で明確化され、持分の定めのある社団医療法人が持分の定めのない医療法人となる場合において、持分の全部または一部の払戻しをしなかった場合には、その払戻しをしなかったことにより生じる経済的利益の金額は、その医療法人の各事業年度の所得の計算上、益金不算入とされました（法令136の3②）。

したがって、持分なしの医療法人への移行に関しては、医療法人に対する受贈益課税はないこととなります。

② 贈与税課税

一方、相続税法上は、持分の定めのない医療法人が出資者全員から出資持分のうち利益剰余金部分について、その放棄に伴い経済的利益を贈与により取得したものとみなされるため、仮にその贈与をした者の親族その他これらの者と特別の関係のある者の相続税や贈与税の負担が不当に減少する結果となると認められるときは、医療法人を個人

とみなして贈与税または相続税を課することとなります（相法66④）。

　したがって、当該移行に伴う出資者の利益剰余金部分の放棄により、「相続税又は贈与税の負担が不当に減少する結果となると認められるとき」は、医療法人を個人とみなして贈与税が課されることとなります。

　なお、当該「相続税又は贈与税の負担が不当に減少する結果となると認められるとき」の意義については、**Q 2 - 14**を参照してください。

-13 持分の定めのある社団医療法人から持分の定めのない社団医療法人へ移行した場合の課税関係は？

Q2-12で、持分の定めのある社団医療法人から基金拠出型医療法人への移行した場合の課税関係について説明がありましたが、基金拠出型ではない持分の定めのない社団医療法人へ移行する場合、課税関係は異なるのでしょうか、教えてください。

持分の定めのある社団医療法人から持分の定めのない社団医療法人へ移行する場合は、基金拠出型医療法人への移行の場合とやや異なり、通常、医療法人の出資者である社員全員がその出資持分全額を放棄するという方法によることになりますが、当該移行に伴う出資者の出資持分の放棄により、出資者の親族等の相続税や贈与税の負担が不当に減少する結果となると認められるときは、医療法人を個人とみなして贈与税が課されることとなります。

解説

1 持分の定めのある社団医療法人から持分の定めのない社団医療法人への移行

持分の定めのある社団医療法人から基金拠出型ではない持分の定めのない社団医療法人への移行に関しては、Q2-12の「持分の定めのある社団医療法人から基金拠出型医療法人への移行」の場合とやや異なり、通常、医療法人の出資者である社員全員がその出資持分全部を放棄するという方法によることになります。

これは定款変更のみで行えますが（医療法人施行規則30の39①）、Q2-12

の場合と異なり、社員全員が累積した剰余金部分のみならず出資額部分をも放棄することが必要になるため、財産権の面でやや受け入れがたい選択肢といえるかもしれません。

一方で、当該移行ルートの場合、基金拠出部分もありませんので、事業承継に際し相続税法上、相続財産に含まれる金額もないこととなります。

2 移行時の課税関係

移行時の課税関係は、**Q2‐12**の場合と同様に、大きく出資者に対するものと医療法人に対するものとに分けられます。

(1) 出資者に対する課税

まず、出資者は当該移行により、出資持分の全額の放棄を行うこととなりますが、これについては見方によっては所得税法上、みなし譲渡（所法59）と取扱われる可能性があります。これについては実務上、持分なしの医療法人形態である特別医療法人（旧医療法42②、第5次医療法改正で制度が廃止され、平成24年3月31日をもってすべて解散している）への移行に関し出資持分を放棄した場合には、株式の消却と同様に譲渡性が認められないため、譲渡所得課税はないとされた取扱い（平成17年4月27日付厚生労働省医政局長から国税庁課税部長への文書照会「出資持分の定めのある社団医療法人が特別医療法人に移行する場合の課税関係について」）に従い、みなし譲渡益課税はないものとされています。

(2) 医療法人に対する課税

次に、移行に伴い出資者全員が放棄した出資持分について、税務上、医療法人側でどのように取り扱われるのかが問題となります。すなわち相続税法上、持分の定めのない医療法人が、出資者全員からその出資持分について放棄したことに伴い経済的利益を贈与により取得したものとみなされるため、仮に贈与（放棄）をした者の親族その他これらの者と特別の関係のある者の相続税や贈与税の負担が不当に減少する結果となると認められ

るときは、医療法人を個人とみなして贈与税または相続税を課することとなります（相法66④）。

　したがって、**Q2-12**と同様に、当該移行に伴う出資者の利益剰余金部分の放棄により、「相続税又は贈与税の負担が不当に減少する結果となると認められるとき」は、医療法人を個人とみなして贈与税が課されることとなります。当該「相続税又は贈与税の負担が不当に減少する結果となると認められるとき」の意義については、**Q2-14**を参照してください。

Q2-14 相続税法施行令第33条の「相続税が不当に減少する」とは？

Q2-12およびQ2-13で、持分の定めのある社団医療法人が基金拠出型医療法人または持分の定めのない社団医療法人に移行すると、相続税または贈与税の負担が不当に減少すると認められる場合には、医療法人に贈与税が課されると知り、大変驚いています。

ところで、この「相続税又は贈与税の負担が不当に減少する」というのは抽象的でよくわからない規定なのですが、どういうことを意味するのでしょうか、教えてください。

この規定は相続税法第66条第4項および第6項を受け、相続税法施行令第33条第3項に規定されているもので、医療法人の定款や規則で役員等のうちに親族等が3分の1を超える旨の定めがある等に該当する場合をいいます。

解説

1 移行時の課税関係

持分の定めのある社団医療法人が基金拠出型医療法人を含む持分の定めのない社団医療法人へ移行するときの課税関係については、大きく出資者に対するものと医療法人に対するものとに分けられますが、問題となるのは医療法人に対する課税関係です。

すなわち、移行に伴い出資者全員が放棄した利益剰余金部分について、税務上、医療法人側でどのように取り扱われるのかが問題となります。つ

まり、相続税法上、持分の定めのない医療法人が出資者全員から出資持分のうち利益剰余金部分について、その放棄に伴い経済的利益を贈与により取得したものとみなされるため、仮にその贈与をした者の親族その他これらの者と特別の関係のある者の相続税や贈与税の負担が不当に減少する結果となると認められるときは、医療法人を個人とみなして贈与税または相続税を課することとなります（相法66④）。これは持分の定めのない社団医療法人に移行する際、社員全員が出資持分全額の放棄を行う場合も同様と考えられます。

したがって、当該移行に伴う出資者の利益剰余金部分等の放棄により、「相続税又は贈与税の負担が不当に減少する結果となると認められるとき」は、医療法人を個人とみなして贈与税が課されることとなります。

そもそも当該規定の趣旨ですが、判例では、個人がその財産を個人に無償で取得させた場合には相続税または贈与税が課されるけれども、公益法人等になされた場合には課されないため、公益法人等を私的支配することで、個人に財産を無償で供与したのと実質的に同じ効果を実現しつつ課税を回避することが可能となることから、租税公平負担の原則に基づき、公益法人等を個人とみなして課税するものであると解されています（東京高裁昭和50年9月25日判決・行裁例集26巻9号1023頁）。

2　「不当に減少する結果」とは

それでは、「相続税又は贈与税の負担が不当に減少する結果となると認められるとき」とは、どのようなケースをいうのでしょうか。この点については、相続税法施行令第33条第3項で以下の要件に該当するときは「不当に減少する」結果となるとは認められないものとされています。

① 　医療法人の運営組織が適正であること
② 　その役員等のうち親族等の数が総数の3分の1以下であることが定款または寄附行為等に定められていること

③　医療法人の役員等または親族等に対して特別の利益を与えないこと
④　定款または寄附行為等の定めにより残余財産の帰属先が国、地方公共団体、公益法人等に限定されていること
⑤　医療法人に法令違反等の事実がないこと

　ただし、医療法人の社員や役員等、職員に財産を贈与した者が含まれておらず、かつ、財産の贈与者が医療法人の財産の運用および事業の運営に関し私的に支配している事実がなく、将来も私的に支配する可能性がないと認められるときには、上記③～⑤の各要件を満たしていれば「不当に減少する」結果となると認められるときに該当しないものとされています（昭39直審（資）24、直資77「贈与税の非課税財産（公益を目的とする事業の用に供する財産に関する部分）及び持分の定めのない法人に対して財産の贈与等があった場合の取扱いについて」（以下通達）14（相続税等の負担の不当減少についての判定））。

　当該規定は昭和39年に出された個別通達に関し、平成20年に通達改正（平20課資2－8）で新設されたもので、当該改正の趣旨を説明した情報（平成20年7月25日国税庁資産課税課情報「『贈与税の非課税財産（公益を目的とする事業の用に供する財産に関する部分）及び公益法人に対して財産の贈与等があった場合の取扱いについて』（法令解釈通達）の一部改正のあらまし）」によれば、相続税・贈与税の負担が「不当に減少する」とは考えにくい、医療法人等の運営とは関係のない善意の第三者からの寄附を想定して新設された規定であるとされています。

3　運営組織が適正であること

　2において「不当に減少する」結果となるとは認められないものの1つに、①「医療法人の運営組織が適正であること」という要件がありました。この内容についても、個別通達にて以下のとおり詳細な指針が示されています（通達15（その運営組織が適正であるかどうかの判定））。

(1) 定款等に定められるべき事項（通達15（1）ハ）

① 理事の定数が6人以上、監事の定数が2人以上であること
② 理事および監事の選任は、たとえば社員総会における社員の選挙により選出される等、その地位にあることが適当と認められる者が公正に選任されること
③ 理事会の議事の決定は、次の⑤に該当する場合を除き、原則として理事会において理事総数の過半数の議決を必要とすること
④ 社員総会の議事決定は、法令に別段の定めのある場合を除き、社員総数の過半数が出席し、その出席社員の過半数の議決を必要とすること
⑤ 以下の事項（次の⑥により評議員会等に委任されている事項を除く）の決定は社員総会の議決を必要とすること

　ア．収支予算（事業計画を含む）
　イ．収支決算（事業計画を含む）
　ウ．基本財産の処分
　エ．借入金（その会計年度内の収入をもって償還する短期借入金を除く）その他新たな義務の負担および権利の放棄
　オ．定款の変更
　カ．解散および合併
　キ．当該法人の主たる事業以外の事業に関する重要な事項

⑥ 社員総会の他に事業の管理運営に関する事項を審議するため評議員会等の制度が設けられ、上記⑤オ・カ以外の事項の決定がこれらの機関に委任されている場合におけるこれらの機関の構成員の定数および選任、議事の決定については以下によること

　ア．構成員の定数は理事の定数の2倍超であること
　イ．構成員の選任については、上記②に準じて定められていること
　ウ．議事の決定について、原則として構成員総数の過半数の議決を必要とすること

⑦　上記③〜⑥までの議事の表決を行う場合には、あらかじめ通知された事項について書面をもって意思を表示した者は出席者とみなすことができるが、他の者を代理人として表決を委任することはできないこと

⑧　役員等にはその地位にあることのみに基づき給与等を支給しないこと

⑨　監事には理事および評議員ならびにその法人の職員が含まれてはならないこと。また、監事は相互に親族その他特殊の関係を有しないこと

(2) **事業運営の事項（通達15（2））**

- 贈与等を受けた法人の事業の運営および役員等の選任等が法令および定款、寄附行為または規則に基づき適正に行われていること

なお、他の一の法人（当該他の一の法人と法人税法施行令第4条第2号に定める特殊の関係がある法人を含む）または団体の役員および職員の数が当該法人のそれぞれの役員のうちに占める割合が3分の1を超えている場合には、当該法人の役員等の選任は適正に行われていないものとして取り扱われます（通達15（2）注書）。

(3) **社会的存在（通達15（3））**

- 贈与等を受けた法人の事業が、原則としてその事業の内容に応じ、その事業を行う地域または分野において、社会的存在として認識される程度の規模を有していること

医療法人の場合は、以下の要件（社会医療法人に準拠した①および②、または特定医療法人に準拠した③）を満たす場合には、実務上、その事業が「社会的存在として認識される程度の規模を有すると取り扱われます（通達15（3）ヌ）。

①　医療法施行規則第30条の35の2第1項第1号ホおよび第2号（社会医療法人の認定要件）に定める要件（この場合において、同号イの判定

に当たっては、介護保険法の規定に基づく保険給付に係る収入金額を社会保険診療に係る収入に含めて差し支えないものとして取り扱う）
② その開設する医療提供施設のうち1以上のものが、その所在地の都道府県が定める医療法第30条の4第1項に規定する医療計画において同上第2項第2号に規定する医療連携体制に係る医療提供施設として記載および公示されていること
③ その法人が租税特別措置法施行令第39条の25第1項第1号に規定する厚生労働大臣が財務大臣と協議して定める基準を満たすものであること

Q2-15 役員等の親族要件を判定する際の「役員等」に医療法人の社員は含まれるか？

　持分の定めのない医療法人への移行に関し、「相続税等が不当に減少する」かどうかの判定を行う必要がありますが、その判定基準を定めた相続税法施行令第33条第3項第1号におけるいわゆる「同族要件」に関し、「役員等のうち親族等が占める割合が3分の1以下である」旨規定されていますが、ここにいう「役員等」に医療法人の社員は含まれるのでしょうか、教えてください。

　相続税法において「役員等」とは「理事、監事、評議員その他これらの者に準ずるもの」と規定されており、医療法人においてそれは業務執行機関を指すことから、基本的意思決定機関の構成員たる「社員」は役員等に含まれないと考えられます。

解説

1　相続税法施行令第33条第3項第1号における「同族要件」

　Q2-14で検討したとおり、持分の定めのある社団医療法人が基金拠出型医療法人を含む持分の定めのない社団医療法人へ移行するとき、持分の定めのない医療法人が、出資者全員から出資持分のうち利益剰余金部分について、その放棄に伴い経済的利益を贈与により取得したものとみなされるため、仮にその贈与をした者の親族その他これらの者と特別の関係のある者の相続税や贈与税の負担が「不当に減少する」結果となると認められるときは、医療法人を個人とみなして贈与税または相続税を課すること

なります（相法66④）。

　この場合、相続税法施行令第33条第３項で以下の要件に該当するときは「不当に減少する」結果となるとは認められないものとされています。
　①　医療法人の運営組織が適正であること
　②　その役員等のうち親族等の数が総数の３分の１以下であることが定款または寄附行為等に定められていること
　③　医療法人の役員等または親族等に対して特別の利益を与えないこと
　④　定款または寄附行為等の定めにより残余財産の帰属先が国、地方公共団体、公益法人等に限定されていること
　⑤　医療法人に法令違反等の事実がないこと

2　「役員等」の意義

　ここでいう「役員等」の意義ですが、相続税法施行令第32条において、理事、監事、評議員その他これらに準ずるものをいうとされています。すなわち、役員等とは医療法人の業務執行機関を指し、医療法人の意思決定機関である社員総会の構成員であり出資者でもある社員は、それに含まれないということになります（平成26年１月23日付厚生労働省医政局指導課事務連絡「持分の定めのない医療法人への移行に係る質疑応答集（Q&A）について」Q４）。

　したがって、医療法人（社会医療法人を除く。医療法42の２①一）の社員に親族等が３分の１以上入っていても、それだけでは「相続税等が不当に減少する」ということにはならないと解されます。

第3節　持分なしの医療法人への移行に係る課税

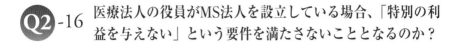 医療法人の役員がMS法人を設立している場合、「特別の利益を与えない」という要件を満たさないこととなるのか？

　持分の定めのある医療法人から持分の定めのない医療法人への移行を検討する中で、一点懸念されるのが、医療法人の理事（理事長の妻）が設立しその株式の過半数を有するMS法人（株式会社）との関係です。最近医療法人の非営利性を担保するため、厚生労働省は営利企業であるMS法人と距離を置くように指導していると聞きますが、当該移行に伴う「相続税等が不当に減少する」かどうかの判定に際しても、MS法人の存在が相続税法施行令第33条第3項第2号の「特別の利益を与えない」という要件を満たすことの障害となるのではと懸念されます。医療法人の理事がMS法人の株主の場合、相続税法施行令第33条第3項第2号の「特別の利益を与えない」という要件を満たすのでしょうか、教えてください。

　医療法人の理事がMS法人の株主であるというだけでは、相続税法施行令第33条第3項第2号の「特別の利益を与えない」という要件を満たさないこととはならないものと考えられます。

解説

1　MS法人とは

　MS（Medical Service、メディカルサービス）法人とは、一般に、医療法人の業務を補完するサービス会社のことを指します。MS法人が担うべき業務は、医院・クリニックが行う事業のうちの営利・収益事業であり、具

体的には医療法人の「附随業務」に該当しない業務ということになります。実際の業務は、病医院の建物の賃貸、医療機器・備品の賃貸、医療事務の受託、給食・清掃サービスの受託等がその主なものです。

MS法人はかつて、資本金額を抑えるため、有限会社形態で設立されることが多かったようですが、近年施行された会社法では最低資本金規制がなくなったことから、現在では株式会社形態で設立されることが一般的となりました。

2 MS法人設立のメリット

MS法人を設立する最大のメリットは、所得の分散による節税効果といえるでしょう。また、医療業務の拡大で診療科数・病床数が増加し組織が大きくなることにより、総務や経理等の間接部門の機能が不十分であったり、非効率になったりしがちですが、それらの業務をMS法人に一元化することにより、効率的な業務運営が行えるというメリットもあります。さらに、直接雇用を義務づけられている医療専門職（医師・看護師等）以外の間接部門のスタッフをMS法人で雇用することにより、雇用形態や待遇等を柔軟に設計することも可能です。

MS法人の設立は、相続税・事業承継対策の観点からも意味があります。すなわち、収益事業をMS法人に切り出すことで、現在医療法人の大多数を占める持分の定めのある社団医療法人の出資持分の価値の増加が抑えられるため、相続税・事業承継対策にもつながることとなるのです。

3 MS法人設立にかかる留意事項

医療法人の理事長である院長がMS法人の代表者ないし役員を兼務することは、医療法人の非営利性を損なうこととなるため問題があり、医療法人を監督する都道府県の指導を受ける可能性が高いでしょう（厚生労働省医療法人・医業経営のホームページ「医療法人運営管理指導要綱」2（3）参照）。

したがって、本問の場合、MS法人の代表者は理事長の配偶者ないし親族に就任してもらうようにして、理事長はMS法人の出資者（株主）に留まるべきといえます。さらに、医療法人の役員がメディカルサービス法人の役員を兼務することは、同様の理由から避けるべきといえます。

4　相続税法施行令第33条第3項第2号の意義

本件では、持分の定めのある医療法人から持分の定めのない医療法人への移行にあたり、持分の定めのない医療法人の「相続税等の負担が不当に減少する」かどうかの判定に際して、MS法人の存在が相続税法施行令第33条第3項第2号の「特別の利益を与えない」という要件を満たす際の障害となることが懸念されていますが、実際はどうなのでしょうか。

これについては、医療法人とMS法人との間に取引があり、その取引が無償で行われているといった事実がある場合には「特別の利益を与える」こととなるものと考えられますが、単に医療法人の理事がMS法人の株主であるというだけでは、相続税法施行令第33条第3項第2号の「特別の利益を与えない」という要件を満たさないこととはならないものと考えられます（平成26年1月23日付厚生労働省医政局指導課事務連絡「持分の定めのない医療法人への移行に係る質疑応答集（Q&A）について」Q6参照）。

移行に伴い「相続税等が不当に減少する」とされ贈与税が課税された場合、どのように申告するのか？

　現在持分なしの医療法人への移行を検討していますが、小規模な医療法人であるため、移行に伴う持分放棄が出資者の親族等の「相続税等が不当に減少する」とされ、贈与税が課税されることが懸念されるところです。仮に以下のようなケースで、持分放棄に伴い医療法人に対し贈与税が課税される場合、金額的にどの程度の影響があるのでしょうか、教えてください。

【設例】
- 持分の定めのある社団医療法人A会が持分の定めのない社団医療法人に移行するため、平成27年2月1日にその出資者である社員B・C・Dが持分を全額放棄した。
- 各人の出資額および出資持分の相続税評価額は以下のとおりである。

	出資額	出資持分の相続税評価額
B	3,000万円	(6,000万円)
C	2,000万円	(4,000万円)
D	1,000万円	(2,000万円)

　医療法人に対して課される贈与税額は各人の出資額ではなく出資持分の相続税評価額を基に計算し、暦年課税の贈与税の申告を行うこととなります。

解説

1 医療法人における贈与税課税

Q2-14で説明したとおり、持分の定めのある社団医療法人が持分の定めのない社団医療法人へ移行するとき、社員全員の持分放棄による場合、当該放棄をした者の親族その他これらの者と特別の関係のある者の相続税または贈与税の負担が不当に減少した結果となると認められるときには、その医療法人を個人とみなして贈与税が課税されることとなります（相法66④）。

2 贈与税額の計算

仮に医療法人に対して贈与税が課される場合、贈与税額は以下のとおり計算することとなります。

すなわち、医療法人は出資者から、出資額ではなく出資持分の時価（相続税評価額）相当額の経済的利益を受けたものとして贈与税額を計算します。また、医療法人は相続時精算課税制度の適用が受けられないため（相法21の9①）、贈与税額の計算は暦年課税によることとなります。本件の場合、贈与税額は以下のとおり計算されます。

B：(6,000万円 − 110万円) ×55% − 400万円 = 2,839.5万円

C：(4,000万円 − 110万円) ×55% − 400万円 = 1,739.5万円

D：(2,000万円 − 110万円) ×50% − 250万円 = 695万円

合計：2,839.5万円 + 1,739.5万円 + 695万円 = 5,274万円

以上から、当該移行により医療法人は5,274万円もの贈与税を納付する必要があります。

3 贈与税の申告

　暦年課税に係る贈与税の申告は、財産の贈与のあった年の翌年の2月1日から3月15日までの期間に行う必要があります（相法28①）。

　一方、医療法人が納付することとなる贈与税額は、医療法人の法人税の申告上損金不算入となりますので、ご注意ください（法法38②一）。

第4節 医療法人の事業承継の実務

第4節 医療法人の事業承継の実務

-18 医療法人の理事長は医師でなければならないのか？

　私の夫は昨年還暦を迎えた社団医療法人の理事長で、自宅の1階を診療所にして内科の診察を行っていました。ところが、先月診療中に脳梗塞で倒れ、そのまま帰らぬ人となりました。あまりに突然のことで、医療法人の理事とはいえ医師でない妻の私には、今後診療所をどう切り盛りすればいいのか、皆目見当がつきません。今は夫の大学の後輩が代診に応じてくれていますが、できるだけ近いうちに、現在医学部に在学中の息子に後を継がせたいと考えています。それまでの数年間、いわばショートリリーフとして、私が医療法人の理事長に就任することは可能でしょうか、教えてください。

　本件のように医療法人の理事長である医師が突然亡くなった場合、その後継者である理事長の子息が医学部在学中ですぐには跡を継げないときには、都道府県知事の認可を受けることを条件として、暫定的に医師でない理事から理事長を選任することができます。

163

> 解説

1　理事長の選任

　医療法人の理事長が欠けたときには、定款の定めるところにより、一時的に他の理事がその職務を代理し、速やかに新理事長を選任することになります。医療法人の理事長は原則として医師または歯科医師が就任しますが、都道府県知事の認可を受けた場合には、例外的に医師・歯科医師でない理事のうちから理事長を選任することができます（医療法46の3①但書）。

　この例外は、候補者の経歴、理事会構成等を総合的に勘案し、適切かつ安定的な法人運営を損なう恐れがないと認められる場合には、都道府県医療審議会の意見を聴いた上で、都道府県知事が認可するものとされており（昭和61年6月26日付健政発第410号厚生省健康政策局長通知「医療法人制度の改正及び都道府県医療審議会について」）、具体的には、設問のように理事長が急死し、後継者の子が医学部を卒業し臨床研修等を終了するまでの期間、配偶者が理事長に就任するケース等が該当します（厚生労働省「医療法人運営管理指導要綱」2（4））[22]。

　したがって、この設問の場合、まず子が医学部を卒業し臨床研修等を終了するまでの期間、妻が理事長に就任するよう、準備を進めるのがよいでしょう。そして、しかるべきタイミングで、妻が医師免許を取得した子に理事長職を譲るとスムーズでしょう。

---

[22] しかし最近一部の道府県において、満たすことが必須な要件として、理事としての経験年数や財務状況が黒字であること等を設定する等、認可のハードルを上げる事例がみられたため、厚生労働省が是正を促す事務連絡を出している（平成26年3月5日付医政指発0305第1号「医師又は歯科医師でない者の医療法人の理事長選出に係る認可の取扱いについて」）。

2 理事長の後継者がいない場合

　しかしながら、子が後を継ぐことを拒否する等、仮に理事長の後継者がいない場合、理事長を外部から招聘したり、医療法人を第三者に譲渡するといった方法を採ることも視野に入れるべきでしょう。その際には、医療法人のM&Aに精通した金融機関等の専門家に仲介を依頼することになるでしょう。

-19　医療法人の理事長退任の際、退職金はどの程度支払えるのか？

　個人立の診療所を医療法人化する場合の税務上のメリットの1つとして、理事長退任時に退職金の支払いができるという点があると思われますが、その金額に税務上制限等はあるのでしょうか、教えてください。

　医療法人の理事長に対する退職金の支払いは、法人税法上役員給与として取り扱われますが、その金額は不相当に高額でない限り、支払った医療法人において損金算入されます。

解説

1　医療法人の役員

　医療法上、医療法人の役員について、理事3名以上および監事1名以上置くことが義務づけられています（医療法46の2①）。しかし例外として、都道府県知事の認可を受けた場合には、理事は1名または2名で足りることとされています（医療法46の2①但書）。

　一方、社会医療法人は理事の定数が6名以上、監事の定数が2名以上とされており（医療法施行規則30の35の2①一イ）、その規模と地域医療における役割の大きさにふさわしい体制とすることが求められています。

　なお、医療法人の理事は自然人であることが必要とされ、株式会社等の営利法人を含む法人が理事に就くことはできません（医療法人運営管理指導要綱2（3））。

2 法人税法上の役員の取扱い

また、法人税法上、医療法人の役員である理事および監事は「役員」に該当するものとして規定されています（法法２十五）。

3 法人税法上の役員給与の取扱い

会社法施行後の平成18年度の税制改正により、法人税法上の役員給与の取扱いが全面的に改定されました。

法人税法上、役員給与のうち役員賞与は長らく損金不算入とされてきましたが、平成14年の商法改正以降、役員賞与は法人の費用であるという考え方（企業会計基準委員会「役員賞与に関する会計基準」企業会計基準第４号）が出され、特に業績連動型報酬は損金に算入されるべきとの意見が強まっていきました[23]。また、会社法も役員賞与を取締役の職務執行の対価と位置づけました（会社法361①）。

このような流れを受け、法人税法においても、まず役員報酬と賞与という概念を「役員給与」という概念に一本化しました。また、従来の役員報酬に相当するものだけでなく、「事前の定め」により役員給与の支給時期・支給額に対する恣意性が排除されているものについても損金算入が認められるとともに、従来課税上の弊害が大きいと考えられていた利益連動型の役員給与について、その適正性と透明性が担保されていることを条件に損金算入されることとなりました[24]。

平成18年度税制改正後の役員給与に関する法人税の取扱いの特徴は、まず、役員給与は原則「損金不算入」となったということです。これは法人税法第34条第１項（役員給与の損金不算入[25]）の規定ぶりが、内国法人がそ

---

[23] 金子宏『租税法（第19版）』（弘文堂・平成26年）344頁
[24] 財務省編『平成18年度改正税法のすべて』323頁
[25] たとえば、新日本法規編『実務税法六法（平成26年版）』の法人税法第34条のタイトルはこのようになっている。

の役員に対して支給する給与のうち次の3類型に該当しないものの額は、その内国法人の各事業年度の所得の金額の計算上、損金の額に算入しない、となっていることがその根拠です[26]。

① 定期同額給与
② 事前確定届出給与
③ 利益連動給与

また、実質一人会社である特殊支配同族会社のオーナー役員（業務主宰役員）に支給する給与のうち、給与所得控除相当額は、法人税と所得税の二重控除に該当するとして、原則として損金不算入となる制度が新設されました（旧法法35①）。しかし、当該措置は中小企業から不当な課税強化であるとして批判が強く、平成22年度の税制改正で廃止されました。

4 役員退職給与の性格

会社法においては、役員報酬のみならず役員賞与や役員退職慰労金も職務執行の対価として会社から受ける財産上の利益と解されています。そのため、役員退職慰労金（弔慰金を含む）も在職中の職務執行の対価として定款・株主総会決議により額を定めなければならない[27]、とされています。

所得税法においては、退職給与（退職手当）につき、本来退職しなかったとしたならば支払われなかったもので、退職したことに基因して一時に支払われることとなった給与をいう、とされています（所基通30－1）。

5 法人税法上の役員退職給与の取扱い

---

[26] ちなみに、改正前の旧法人税法第34条第1項では、役員報酬のうち不相当に高額な部分の金額については損金の額に算入しないとなっており、原則は損金算入であるが、一定の報酬については例外的に損金不算入であるという規定ぶりであった。この規定ぶりは、別段の定めとして損金不算入を規定している他の規定（資産の評価損の損金不算入等（法法33）、寄附金の損金不算入（法法37）等）と平仄が合っており、改正後の役員給与の規定ぶりの特異性が際立っているともいえる。

[27] 江頭憲治郎『株式会社法（第5版）』（有斐閣・2014年）456頁

退職給与についての法人税法上の定義は必ずしも明確ではありませんが、参考となる考え方として、法人税取扱通達があります（昭和31年直法1－102（2））。それによれば、以下に掲げるものは、その実質が退職給与の一部と認められるものでない限り、退職給与（金）に含まれないとしています。

① 遺族補償金、遺族手当
② 弔慰金、葬祭料および香典
③ 結婚祝金品
④ 帰郷旅費
⑤ その他①〜④に準ずるもの

また、上記②については、別の法人税取扱通達（昭和34年直法1－150（51））で、葬祭料または弔慰金の額のうち適正な金額は退職給与（金）として取り扱わないことができるとしており、適正額を超えた部分については退職給与とすることが示唆されています。

税法上、役員退職慰労金は役員退職給与とされますが、役員退職給与は法人税法上原則として損金に算入されます。しかし、役員給与と同様に（法法34②）、役員退職給与も、支給額について不相当に高額と認められる場合には、その部分の金額は損金不算入となります（法令70二）。

役員退職給与の損金算入時期は、通達によれば、株主総会の決議等によりその額が具体的に確定した日の属する事業年度を原則とし、退職給与の額を支払った日の属する事業年度においてその支払った額につき損金経理をした場合も、当該損金経理による方法を認める、とされています（法基通9－2－28）。役員退職一時金の分割支給の場合も、原則としてその未払いの部分を含めて一括して損金の額に算入することができます[28]。

---

[28] 大澤幸宏編著『法人税基本通達逐条解説（7訂版）』（税務研究会・平成26年）800頁

Q2-20 医療法人の理事長に対する退職金が過大とされる場合の判断基準は？

Q2-19で医療法人の役員に対する退職金を支払った場合、その金額が過大なときには医療法人において税務上損金不算入となる金額が生じるようですが、その金額は具体的にはどのように算定するのでしょうか、教えてください。

法人税法上は、退職する役員に対して支払った退職金の金額が不相当に高額の場合、その部分の金額は支払った医療法人において損金不算入となりますが、その金額の水準は理事長の勤続期間、類似の医療法人の支給状況、功績倍率等を総合的に勘案して判断することとなります。

解説

1 過大役員退職給与の損金不算入

会社法上、役員退職金に該当する役員退職慰労金は在職中の職務執行の対価として支給される限り報酬等の一種であり、定款・株主総会決議によりその金額を定めることが求められています。

税法上、役員退職慰労金は役員退職給与とされますが、役員退職給与は原則として損金に算入されます。しかし、役員給与と同様に、役員退職給与も、支給額について不相当に高額と認められる場合には、その部分の金額は損金不算入となります（法法34②、法令70二）。

2 「不相当に高額」の判断基準

　それでは、ここでいう「不相当に高額」（過大）とする場合の判断基準はどうなっているのでしょうか。法人税法施行令の規定によれば、以下の要素等を総合的に勘案して判断することとされています（法令70二）。

① 役員が法人の業務に従事した期間
② 役員の退職の事情
③ 事業規模が同規模の同業他社の役員に対する退職給与の額

　①の「期間」については、税法上のみなし役員の期間も含まれると解されています。ただし、みなし役員であった期間の始点が明確でない場合、その期間の算入が認められなかった裁決事例があります（国税不服審判所平成元年6月21日裁決・裁事No.37、185頁）。また、法人成りしたケースで、個人事業時代から引き続き在職する役員の場合、個人事業時代の従事期間を含めてよいかについては、法人成りした医療法人のケースで、法人税基本通達9－2－39（旧9－2－27）の趣旨にのっとり、法人設立後相当期間経過後であれば含めるとする裁判例があります（福島地裁平成4年10月19日判決・税資193号78頁）。法人設立（移行）後間もない場合、個人事業時代の従事期間を含めるのは、法人税法の適用に関し妥当ではないということなのでしょう。

　②は、自己都合か会社都合か、定年や死亡退職、引責辞任かといった諸事情により退職給与の額が変わってくるということを指すものと考えられます。

　③は、売上規模や所得金額、純資産額、資本金額、従業員数といった指標が同等と考えられる同業他社を抽出し、そこで支給される役員退職給与の金額と比較するということです。ただし、質問検査権を行使して事例を収集することができる課税庁と異なり、一般企業の場合他社のデータの入手は容易ではないため、実務上はたとえば、政経研究所編『役員の退職慰

労金』(各年度版) 等を参考にするしかないでしょう。

3 功績倍率法と1年当たり平均額法

(1) 功績倍率法

判例上、役員退職給与の適正額の判断基準として一般に利用されているのは、功績倍率法(方式)という方法です。これは、通常以下の算式により計算されます。

功績倍率法の算式

> 役員退職給与の適正額＝退職時の報酬月額×在任年数×功績倍率

例を挙げますと、対象となる役員の退職時の報酬月額が150万円、在任年数が10年、功績倍率が2.8だとすると、退職給与の適正額は、

150万円×10年×2.8＝4,200万円

ということになります。ただし、退職時の報酬月額を直前に意図的に引き上げている場合や、逆に退職前に非常勤取締役となり報酬月額が大幅に切り下げられている場合等、退職時の報酬月額がその時点での職務内容からみて不釣り合いな額であるときには、当該算式を用いるのは不適切であるといえます。

また、功績倍率は一般に2～3の間に収まるケースが多いのですが、確実な数字が常に提供されるというわけではないというのが実情です。

なお、功績倍率法には、類似法人の功績倍率の平均値を用いる「平均功績倍率法」と類似法人の功績倍率の最高値を用いる「最高功績倍率法」とがあります[29]。

(2) 1年当たり平均額法

功績倍率法に代わる算式としては、「1年当たり平均額法」というもの

---

[29] 金子前掲注23書350頁。多くの裁判例は「平均功績倍率法」を是としているが、「最高功績倍率法」を採用したものとして、東京高裁昭和56年11月18日判決・行政例集32巻11号1998頁参照。

があります。これは、類似法人の役員に係る退職給与の平均額（1年当たり）に、対象となる役員の在任年数を乗じて求めるという方法です。

　退職する役員の最終報酬月額が適正でない場合や、適正額に修正することができない場合、たとえば、長年代表取締役として会社の中枢にあった者が退職時には非常勤役員となっており、その最終報酬月額がその役員の在職期間中の職務内容からみて著しく低額であるような場合にまで平均功績倍率を適用すると、役員退職給与の適正額が著しく低額となります。そこで、このような場合には、1年当たり平均額法を採用するほうがより妥当であるといえます。

　功績倍率法よりも1年当たり平均額法の方が役員退職給与の算定方式として合理的であるとした裁判例として、札幌地裁昭和58年5月27日判決・行裁例集34巻5号930頁、裁決事例として、国税不服審判所平成21年12月1日裁決・TAINS F0－2－356等が挙げられます。

　1年当たり平均額法による退職給与の適正額は、以下のとおり計算されます。

1年当たり平均額法の算式

> 役員退職給与の適正額＝類似法人の退職給与の平均額（1年当たり）×在任年数

4　創業役員への退職給与

　上記**3**は役員退職給与の適正額に関する一般的な考え方でありますが、一方で、創業役員への退職給与の支給額は、他の役員とはやや趣が異なると考えられます。すなわち、創業者は会社の礎を築き大きく事業を拡大させた最大の功労者であるケースが多く、そのような功労者への慰労の意味を込めて支給される退職金が、通常の従業員から昇格した役員と同じ支給基準であるのは、必ずしも実態に即しているとはいいがたいのではないかという疑問が生じるところです。中でも上場企業の創業者を一般的な非公

開の中小企業の経営者と同じように扱うのは、著しく妥当性を欠くものと考えられます。

　そのため、そのような創業者固有の功績を金額に加味するという意味で、功績倍率方式を用いるときは功績倍率をやや高めに設定すべきとなり、また、1年当たり平均額法を用いるときは、類似法人の創業者である役員の退職給与の1年当たり平均額を使用すべきということになるでしょう。

　したがって、創業者として長年役員を務めてきた会長への役員退職給与が、仮に従業員から昇格した役員のものより高額であっても、それだけで直ちに「不相当に高額」とされることはないものと考えられます。

　ただし、規制産業であり非営利である医療（特に社会保険診療）を提供する医療法人については、経営者個人の経営能力の差により業績が大幅に異なるというものでもないことから、「創業役員への退職給与」という考え方は一般には妥当しないものと考えられます。

第4節　医療法人の事業承継の実務

 役員の分掌変更を行った場合、退職給与を支払っても問題ないか？

　私は医療法人の理事長で、診療所の院長も務めています。そろそろ年ですので、理事長および院長を退任して現在大学病院に勤務する長女の婿に診療所の経営をバトンタッチしたいと考えていますが、一方で、退任後もしばらく非常勤の理事にとどまり、理事長に就任する婿に対し経営のアドバイスを行うことを考えています。この場合、理事長退任時に役員退職慰労金を支払うと問題になるのでしょうか、教えてください。

　医療法人の理事長を退任し非常勤の理事となった場合、事実上役員を退任したのと同等の状況であると考えられることから、現理事長兼院長に対し支給される役員退職慰労金は、法人税法上、一般に役員退職給与として損金算入されるものと考えられます。

解説

1　医療法人の役員の任期と退職

　退職給与は、原則として支給対象者の退職という事実が生じない限り損金に算入されません。

　医療法人の役員（理事）の任期は通常2年間であり（医療法46の2③）、任期満了により終任となります。しかし、任期満了に伴い再び選任（再任）されることには制限がなく（医療法46の2③但書）、またその場合には退職したとはいえず、税務上も再任された場合には退職があったものと取り

175

扱っていないところです。いわゆる平(ひら)の理事が常務・専務理事等に昇格・分掌変更された場合についても同様です。

2 分掌変更等の場合の退職給与の特例

しかし、理事としての地位を有し、勤務が継続するとはいっても、常勤から非常勤の理事になる場合には、多くのケースで経営の実権を握っておらず、実質的に「引退状態」といえることから、退職したのと同視するのが実情に即していると考えられます。

そのため通達では、以下に掲げるようなケースに関し、役員の分掌変更または改選による再任等に際して退職給与として支給した給与については、その役員としての地位または職務が激変し、実質的に退職したのと同様の事情があると認められるので、当該給与を退職給与として取り扱うものとされています（法基通9－2－32）。

① 常勤役員が非常勤役員になったこと。ただし、常時勤務していなくとも、代表権を有する者および代表権は有しないが実質的に法人の経営上主要な地位を占めていると認められる者は除く。

② 取締役が監査役になったこと（常勤・非常勤を問わない）。ただし、監査役でありながら実質的に法人の経営上主要な地位を占めていると認められる者、および、法人の株主等で法人税法施行令第71条第1項第5号（使用人兼務役員とされない役員）のすべての要件を満たしている者を除く。

③ 分掌変更等の後におけるその役員の給与が激減（おおむね50％以上の減少）したこと。ただし、その分掌変更等の後においても、法人の経営上主要な地位を占めていると認められる者を除く。

なお、役員に対する退職給与の損金不算入規定に関し緩和措置的な取扱いを認める当該通達は、「役員の地位の低下」を前提としているため、医療法人における監事が理事になるようなケースは適用外となるものと考え

られます[30]。

3 分掌変更等の場合の退職給与の特例が不適用となるケース

ところで、業績不振等で事業を転換した際、代表取締役を退任し平取締役となって、報酬も半額以下となったケースにつき、上記通達の適用が認められなかったものがあります（京都地裁平成18年2月10日判決・税資256号49頁、控訴棄却・上告不受理・確定）。これは、事業転換後も、元代表取締役が法人の経営に関する重要な業務を担当していたという事実を重視し、実質的に退職したのと同様の事情があるとは認められないとしての判決であり、上記 **2** ③の但書である「その分掌変更等の後においても、法人の経営上主要な地位を占めていると認められる者を除く」に該当するものと考えられます[31]。

なお、別の判決では、学校法人の理事長が高校校長を退職し、大学学長に就任した際に支払われた退職金が、給与所得ではなく退職所得に該当するとされたものがあります（大阪地裁平成20年2月29日判決・判タ1268号164頁）。

4 役員退職給与が未払いの場合

分掌変更等の場合の役員退職給与が、医療法人において未払いのときは、当該未払いの部分の役員退職給与の金額は原則として医療法人において損金算入されません（法基通9－2－32（注））。

---

[30] 大澤前掲注28書804頁参照
[31] 通達のこの但書は、当該地裁判決を受けて平成19年の改正で挿入されたものである（旧法基通9－2－23（3））。

Q2-22 理事長に退職金を支払った場合、理事長サイドの課税上のメリットは？

　医療法人の場合、その金額が不相当に高額でない限り、退任する理事長に支払う退職金は損金算入されることから、過年度の剰余金を減らすことができるため、事業承継の面からメリットがあることがわかりました。それでは、退職金を受ける理事長サイドの税務上の取扱いはどうなっているのでしょうか、教えてください。

　医療法人が理事長に対して支払うこととなる退職金は、受領した理事長の所得税に関しその所得区分が退職所得となり、退職所得控除や2分の1課税といった有利な取扱いを受けることができます。

解説

1　医療法上の剰余金の配当禁止規定

　医療法人は医療法上、剰余金の配当が禁止されています（医療法54）。そのため、業績のよい医療機関ほど剰余金が蓄積していくこととなります。仮に、当該医療機関が持分ありの医療法人である場合、蓄積した剰余金は出資持分の評価額を高めることとなり、事業承継の観点からは大きな障害となり得ます。そのため、蓄積した剰余金を配当以外の方法で減ずる必要がありますが、その有力な方法が退任する理事長・理事等への退職金の支払いということになります。

　もっとも、医療法上の剰余金の配当禁止規定は、単に配当を禁止するのみでなく、医療法人の非営利性を阻害するような剰余金を原資とする利益

分配を禁止する趣旨であると考えられます。したがって、たとえば、法人税法上不相当に高額とされるような役員退職金の支払い（法令70二）は、医療法上も違法な剰余金の分配とされる可能性があります。

2　退職所得の取扱い

それでは、法人税法上適法とされる医療法人の理事長への退職金の支払いは、それを受ける理事長サイドでは、税務上どのように取り扱われるのでしょうか。

所得税法上、退職所得は、以下のとおり退職所得控除および2分の1課税[32]の適用が受けられる他、老後の生活の糧であることを考慮して分離課税が適用され累進課税の重課を回避できる等、非常に有利な取扱いとなっています。

$$退職所得の金額 ＝ （収入金額－退職所得控除額^{(注1)}）\times \frac{1}{2} \times 税率$$

（注1）　退職得所得控除の金額は以下のとおり勤続年数が高い人ほど大きくなるが（所法30③）、これは老齢に近づいて退職した人をより手厚く保護するためであると解されている[33]。
　　　① 勤続年数が20年以下の場合：40万円×勤続年数（金額が80万円に満たない場合には80万円）
　　　② 勤続年数が20年を超える場合：70万円×（勤続年数－20年）＋800万円。なお、障害者になったことに直接起因して退職した場合は上記①②の金額に100万円加算する。

（注2）　平成24年度の税制改正で、勤続年数の少ない役員に対してまで2分の1課税の恩恵が及ぶのは合理的ではないとして、勤続年数5年以下の役員等のうち一定の者に対する退職所得の課税について、2分の1課税の適用はなくなった（所法30②④）。

さらに、退職所得は原則として源泉徴収のみで課税関係が終了します（所法199－203）。

---

[32] 当該2分の1課税は、退職所得が給与の一部の一括後払いであるため、累進税率の適用を緩和するための平準化の意味で採用されている。金子前掲注23書228頁。
[33] 金子前掲注23書228頁

Q2-23 医療法人と個人立診療所とで事業承継はどのように異なるか？

　私は現在個人立の診療所を経営していますが、税金や事業承継の観点から医療法人化すべきかどうか検討しているところです。医療法人と個人立診療所とで事業承継の面ではどのような点が異なるのでしょうか、教えてください。

　事業承継に関する両者の最大の違いは、個人事業の場合、診療所の経営に使用している各財産を1つ1つ個別に承継しなければならない（直接保有）のに対し、医療法人の場合、診療所の経営に使用している各財産が法人に帰属しているため、法人の出資持分を相続すれば個別に承継することなくまとめて移転させることができる（間接保有）という点にあります。

解説

1　直接所有と間接所有

　個人立診療所と医療法人における事業承継に関し、両者の最大の違いは、個人事業の場合、診療所の経営に使用している各財産を1つ1つ個別に承継しなければならない（直接保有）のに対し、医療法人の場合、診療所の経営に使用している各財産が法人に帰属しているため、法人の出資持分を相続すれば個別に承継することなくまとめて移転させることができる（間接保有）という点です。

　個人立の診療所の場合、診療に係る重要な資産の所有権が院長以外の者

にあると、事業承継の際支障をきたす可能性がありますので、早めに権利関係を院長に一元化するように対策を採るべきでしょう。

2　退職金の支給の可否

　税務上の大きな論点としては、退職金支給の可否があります。すなわち、個人事業の場合、原則として退職金を支給することはできませんが、医療法人の場合、院長・理事長の引退・死亡に際して退職金を支払うことができます。

　なお、個人事業主向けの退職金類似の制度として、小規模企業共済からの共済金の受給があります。小規模企業共済制度の加入により、掛金（毎月1,000円から70,000円）に応じた共済金を受けることができます。小規模企業共済の掛金は全額所得控除され（所法75）、また、事業廃止時の一時払共済金は退職所得、分割払共済金は公的年金等の雑所得と扱われます。さらに、院長の死亡により相続人が受ける共済金は相続税の課税財産（みなし相続財産）となりますが、非課税枠（500万円×法定相続人の数）の適用があります。医療法人化を行わない場合であっても、小規模企業共済制度の加入は検討した方がよいでしょう。

　退職金は医療法人の留保利益を回収する手段として有効であり、かつ、相続税法上、出資持分の評価額を引き下げるという点で非常に効果的です。

　また、上記のとおり、生前の退職金であれば退職所得控除が受けられ、死亡に起因する退職金（退職手当金、被相続人の死亡後3年以内に確定したもの）であれば、所得税は課税されず、相続税の課税価格に算入されますが、非課税枠（500万円×法定相続人の数）がありますので、有利といえます（相法3①二）。

3　事業承継の手続の相違点まとめ

　事業承継の手続に関しては、個人立の場合と医療法人の場合とでは、**図**

表2-32のような違いがあります。

図表2-32　事業承継手続の違い

	個人立	医療法人
生前承継	①親が事業廃止等の届出を行う➡保健所・地方厚生局（旧社会保険事務所）・税務署等 ②子が事業開始の届出を行う➡保健所・地方厚生局・税務署等 なお、地方厚生局へ併せて「遡及願い」を提出し、それが認められれば開設時にさかのぼって保険診療ができる	理事長の交代・出資持分の移転（親から子へ）➡出資持分の譲渡に伴う、親の譲渡所得税課税
相続による承継	①子が親の事業廃止等の届出を行う➡保健所・地方厚生局・税務署等 ②子が事業開始の届出を行う➡保健所・地方厚生局・税務署等 なお、「遡及願い」については生前承継と同様	理事長の交代・出資持分の移転（親から子へ）➡出資持分の相続に伴う、子の相続税課税

第4節　医療法人の事業承継の実務

-24　出資持分を譲渡したときの課税関係は？

　私はある社団医療法人の理事兼社員で、その医療法人の出資持分を有しています。以前から事業承継のため後継者となる理事で院長の息子に対し私の持分を譲渡するように持ちかけられてきましたが、ようやく金額が折り合ったので売却しようと思います。この場合、譲渡に係る課税関係はどうなるのでしょうか、教えてください。

　医療法人の出資持分は非上場の有価証券に該当するため、個人が当該持分を譲渡した場合、その譲渡益（譲渡所得）に対して所得税15.315％（復興特別所得税を含む）および住民税5％が課されることとなります。

解説

1　医療法人の出資持分譲渡の可否

　私法上、医療法人の出資持分は財産性がある有価証券[34]に該当するものと考えられるため、特別な規定で規制されていない限り、その一部または全部を自由に譲渡できるものと考えられます。医療法人を規定する医療法には、出資持分ありの社団医療法人の出資持分の譲渡に関して、特に規制する規定はありません。したがって、持分の定めのある医療法人の出資持分は（社員以外の者を含め）自由に譲渡できるものと考えられ、実際に譲

---

[34] 有価証券とは、一般に、財産的価値がある権利を表象する証券で、その流通が予定されているものをいうと考えられる。四宮・能見前掲注10書168頁参照。

渡されています。

2　出資持分を譲渡した場合の課税関係

　一方所得税法上も、経過措置型医療法人の出資持分は法人の出資者となる権利であり、有価証券に該当するものと考えられます（所法2①十七、所令4三）。また、所得税法上、有価証券の譲渡については、その譲渡益に関し譲渡所得として課税されます。ただし、医療法人の出資持分は特別の法律により設立された法人の出資者の持分に該当するため、通常の株式と同様に、その譲渡所得の課税に関して申告分離課税によることとなります（措法37の10②二）。

　譲渡所得は以下の算式に基づき計算されます（所法33③、措法37の10⑥三）。

> 出資持分の譲渡所得の金額＝総収入金額－（資産の取得費＋譲渡費用）

　さらに、当該譲渡所得の金額に対しては、所得税15.315％（復興特別所得税を含む、措法37の10①、東日本大震災の復興財源の確保に関する特別措置法13）および住民税5％（地法附則35の2①⑥）が課されることとなります。

第4節　医療法人の事業承継の実務

-25 親族に土地を賃貸借した場合「土地の無償返還に関する届出書」を提出してあれば問題ないか？

　私は大学病院の勤務医である夫と結婚し、現在専業主婦をしています。数年前に医療法人を経営していた私の父親の相続があり、その持分は跡を継いだ弟が相続しましたが、私は土地を相続し、現在駐車場にしています。このたび医療法人の理事長である私の叔父（父親の弟）から、私が相続した土地を介護施設の建設用地にしたいという申出がありました。そこで私は、叔父の経営する医療法人と当該土地に関する賃貸借契約を締結しました。その際税理士のアドバイスに基づき、権利金課税のリスクを回避するため、税務署に無償返還の届出を提出する予定です。
　ところで、将来私の夫も勤務医をやめ、開業する可能性がありますが、その場合、当該土地に診療所を建設することもあり得ると考えています。そのような場合、この無償返還の届出は、叔父から土地を返還してもらうときに確実性を高めるのに役立つものなのでしょうか、教えてください。

　土地の無償返還の届出はあくまで税務上の権利金の認定課税や相続税の財産評価に影響を及ぼすに過ぎず、私法上の土地の賃貸借契約に関しては何ら影響を及ぼさないものと考えられます。仮に将来借地人から確実に土地の返還を受けたいと考えるのであれば、事業用定期借地権によることを検討すべきでしょう。

解説

1 借地契約と権利金

本設問での取引は**図表２‐33**のとおりとなります。

図表２‐33　医療法人との土地の賃貸借契約

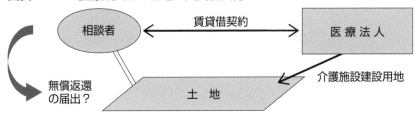

借地契約においては、敷金以外に多額の金銭の授受がなされることがありますが、当該金銭を一般に「権利金」といいます[35]。

一方税務上は、土地の賃貸借について以下の３類型に基づき異なる取扱いがなされます。

(1) 一般の借地

土地を使用する権利（借地権）は借地人に帰属し、土地所有者が有する権利は地代の請求権のみと考えられます。そのため、借地権の設定対価として権利金の授受があったとみなされて、権利金の認定課税リスクがあります。

(2) 相当地代の借地

借地人が土地所有者に対し土地の価額に対して相当の地代（一般に土地の更地価額の８％相当額）を支払っている場合には、権利金の認定課税が

---

[35] 内田貴『民法Ⅱ（第３版）』（東京大学出版会・2011年）190頁

ないこととなります（法基通13－1－2）。

(3) **無償返還の届出を提出している借地**

さらに、(2)の相当の地代に満たない地代の収受しか行っていない場合であっても、税務署長に「無償返還の届出」を提出しているときには、権利金の認定課税がないこととなります（法基通13－1－7）。

2　無償返還の届出の私法上の効力

それでは税務上の「無償返還の届出」は、通常の賃貸借契約という私法にも影響を及ぼすものなのでしょうか。すなわち、土地の所有者が将来借地人から確実に土地の返還を受けたいと考える場合、当該届出により「無償での返還」という効力が担保されるものなのでしょうか。

これについては、残念ながら否定的にならざるを得ません。なぜなら、私法上の土地の賃貸借契約は借地借家法上、賃借人保護の観点から、基本的に賃借人に不利な特約が認められていない[36]ため、「無償での返還」という合意の効力に強制性はない（賃借人は無償での返還を拒絶できる）と考えられるためです。

一般に「無償返還の届出」は、土地所有者が、自らが代表を務める同族法人に対してその土地を賃貸する場合において、権利金の認定課税を回避するために利用されるもので、土地の所有者と賃借人とが共通の利益を有する（賃借人は無償での返還を拒絶することはない）場合に効果的です。しかし、本件のように土地所有者と賃借人とが「別の方向」を向く可能性がある場合には、契約書上の文言よりも私法上の効力の方が優先し、賃借人は無償での返還を拒絶することができるため、確実に返還される保証はありません。

したがって、この設問の場合、仮に質問者が将来借地人である叔父の経

---

[36] 片面的強行規定となっている。内田前掲注35書181頁。

営する医療法人から確実に事業用の土地の返還を受けたいと考えるのであれば、借地借家法に定めのある事業用定期借地権（借地借家法23、設定期間は平成19年の改正以降10年以上50年未満）によることを検討すべきでしょう。

第5節 医療法人の形態と事業承継

-26 社会医療法人とは？

> 私は首都圏で中規模の病院を運営している医療法人の理事長です。最近知り合いの医師が経営する持分ありの社団医療法人が、数年前に導入された社会医療法人に改組されたと聞きました。この社会医療法人というのはどのような医療法人形態なのでしょうか、教えてください。
>
>
> 社会医療法人は第5次医療法改正で導入された、比較的新しい医療法人の形態で、一般の医療法人よりも業務範囲が広い他、直接金融の手段としての社会医療法人債を発行できるといった特徴があります。

解説

1 社会医療法人の意義

　社会医療法人は第5次医療法改正で導入された、比較的新しい医療法人の形態です。従来、救急医療、僻地医療、周産期医療等の公益性の高い医療は主として県立病院等の自治体病院が担ってきました。しかし、近年地方財政の悪化、医師不足・医師の遍在性といった問題から、自治体病院経営が悪化し、病院・病棟の閉鎖、診療科の縮小を余儀なくされているとこ

ろです。そのため、自治体病院に代わる、公益性の高い医療を提供する新たな担い手が求められていました。そこで、自治体病院の機能の一部を担い、地域医療を支える存在となることを期待されて、平成19年4月に新たに社会医療法人制度が導入されました。

そのような導入の背景から、社会医療法人は地域医療を支えるとともに、非営利性が徹底された制度・組織となっています。それを反映して、法人税法上、社会医療法人は「公益法人等」に分類されています（法法2六、別表第二）。

2　社会医療法人と特別医療法人

社会医療法人の原型となった医療法人形態は、平成24年3月31日をもって廃止された特別医療法人であると考えられます。特別医療法人は、平成9年の医療法改正において、役員の同族支配の制限等公的な運営の確保、残余財産の帰属先の制限等の要件を満たし、地域において安定的かつ公正な医療を提供できる医療法人として制度化されたものです（旧医療法42②）。特別医療法人は、その開設する医療施設の業務に支障のない範囲でその収益を医療施設の経営に充てることを目的として、厚生労働大臣の定める収益事業を行うことができます。

特別医療法人の認定要件は、社会医療法人・特定医療法人と大部分重複します。しかし、社会医療法人や特定医療法人と異なり、法人税法上、特別医療法人はその公益性が認められず、通常の医療法人と同様に普通法人扱いで課税されていました。

特別医療法人は社会医療法人の導入により、平成19年4月以降新たな設立ができなくなりました。また、経過措置として平成24年3月31日まで存続することができましたが、それまでに多くの特別医療法人に関して社会医療法人への移行・改組がなされています。

3 社会医療法人の認定要件

社会医療法人になるためには、都道府県知事（または厚生労働大臣）の認定を受ける必要があります（医療法42の2①）。社会医療法人の認定要件を挙げると、**図表2-34**のようになります。

図表2-34 社会医療法人の認定要件

項　目	内　　容
認定機関	都道府県知事（または厚生労働大臣）
法人形態	財団または持分の定めのない社団
寄附の制限	政党、営利団体等への寄附の制限
財産保有制限	事業費用を上回る遊休財産の保有制限
株式保有制限	議決権の過半数の株式保有の制限
役員・社員・評議員の同族制限	3分の1以下（3親等内の親族等）
社会保険診療収入以外の収入の制限	社会保険診療収入（助産・特定健診等を含む）／医業収益×100＝80%超
事業要件	救急医療等確保事業(注)の実施
その他	法人関係者に対する特別の利益供与の禁止

（注）救急医療等確保事業とは、救急医療、災害時における医療、僻地医療、周産期医療、小児医療・小児救急医療等を指す（医療法30の4②五）。社会医療法人の場合、このうち<u>いずれか1つ以上</u>行うことが認定要件となる。

4 社会医療法人と附帯事業・収益業務

(1) 附帯事業

社会医療法人は、開設する病院、診療所または介護老人保健施設の業務に支障がない範囲で、以下の附帯事業を行うことができます。

① 第1種社会福祉事業

第1種社会福祉事業のうち、通常の医療法人と同様に、ケアハウス（軽費老人ホーム）を実施することができます。また、児童養護施設、

障害者支援施設、授産施設等、特別養護老人ホーム（社会福祉法人のみ実施可能）等の一部を除く事業についても実施することができます。これは医療法人の中で社会医療法人のみ可能とする措置です。

② 第2種社会福祉事業

第2種社会福祉事業のうち、助産施設や保育所、デイサービス等について実施することができます。なお、これについては通常の医療法人も実施可能です。

③ 介護保険法に基づく事業

訪問看護ステーションや居宅介護支援事業、訪問・通所リハビリテーション等、地域密着型介護老人福祉施設入所者生活介護（定員29名以下の特別養護老人ホーム）以外の介護保険法に基づく業務を実施することができます。なお、これについても通常の医療法人において実施可能です。

④ その他

老人福祉法に規定する有料老人ホームの設置等をいいます（医療法42八）。なお、これについても通常の医療法人において実施可能です。

(2) 収益業務

さらに、社会医療法人は開設する病院、診療所または介護老人保健施設の業務に支障がない範囲で、その収益を社会医療法人が開設する病院、診療所または介護老人保健施設の経営に充てることを目的にして、以下の収益業務を行うことができます（医療法42の2①、厚生労働省告示第92号第2条）。

① 農・林・漁業

② 製造業

③ 情報通信業

④ 運輸業

⑤ 卸売・小売業

⑥　不動産業（建物売買業・土地売買業を除く）

⑦　飲食店・宿泊業

⑧　医療・福祉（病院、診療所または介護老人保健施設に係るもの等を除く）

⑨　教育・学習支援業

⑩　複合サービス業

⑪　サービス業

なお、社会医療法人の信用を傷つけるおそれのある業務（風俗営業、武器製造業、遊技場等）や投機的に行われるものは、業務として行うことができません。

収益業務は区分経理をすることが求められています（医政発第0331008号第3、6（5）参照）。

5　社会医療法人債

社会医療法人は公募債（金商法2①三に規定する「特別の法律により法人が発行する債券」に該当する有価証券）である社会医療法人債の発行が可能です。すなわち、社会医療法人は銀行融資等の間接金融のみならず直接金融により資金調達を行うことができるということになります。

社会医療法人債の特徴ですが、資金の使途は基本的に制限されないことにあります（ただし、収益業務（特別会計）へ充てることは不可）。その一方で、発行時および発行後も投資家に対する情報開示が求められます（企業内容等の開示に関する内閣府令）。

「資金調達の手段の多様化」をもたらすとして鳴り物入りで導入された社会医療法人債ですが、現在までのところ発行実績は、明らかになったもので平成24年7月の社会医療法人北斗によるわずか1件（北洋銀行が引受け）にとどまっています。その主たる理由は、最近のマーケット事情にあると考えられます。すなわち、社会医療法人債を発行可能な医療法人は財務内容が良好なところが多いわけですが、そのような法人は銀行融資（間

接金融）によりかなり低い金利で必要な資金を調達可能であり、ディスクロージャーの要件が厳しい社会医療法人債（直接金融）に頼るメリットが小さいからだといえます。

なお、募集時に開示すべき事項は以下のものがあります。

- 資金の使途
- 総額
- 利率
- 償還の方法・期限
- 利息の支払い方法・期限
- 金銭の払込期日　等

なお、社会医療法人債の導入以前にも、医療法人は医療機関債を発行することができました。これは、平成16年10月に厚生労働省医政局長が発遣した「『医療機関債』発行等のガイドライン」（医政発第1025003号）により発行可能となったものです。社会医療法人債と医療機関債を比較すると、**図表2-35**のようになります。

図表2-35　社会医療法人債と医療機関債との比較表

	社会医療法人債	医療機関債
根拠法令	医療法54の2①	民法上の「証拠証券」（学校債と同じ）
発行主体	社会医療法人	医療法人
使途制限	収益業務（特別会計）へ充てることは不可	資産の取得のみ
情報開示	金融商品取引法・内閣府令に従う	金融商品取引法の適用なし
会計監査	公認会計士の監査要	原則公認会計士の監査要
発行実績	社会医療法人北斗	財団法人日本バプテスト連盟医療団、医療法人慈愛会向井病院　等

第5節　医療法人の形態と事業承継

Q2-27 社会医療法人に対する課税はどうなっている？

Q2-26で社会医療法人という医療法人形態がどういうものなのか、その概要はわかりました。ところで、社会医療法人は法人税の取扱いが優遇されていると聞きますが、社会医療法人に対する課税はどうなっているのでしょうか、教えてください。

社会医療法人は、法人税法上公益法人等と取り扱われることから、収益事業のみに法人税が課されるという大きなメリットがある他、出資持分が存在しないため社員としての地位に対して相続税も課されないことから、事業承継上もメリットがあります。

解説

1　社会医療法人と法人税

社会医療法人はその認定を受けたときは、速やかに、国税庁長官が定める届出書に都道府県知事（厚生労働大臣）の認定書の写しおよび定款または寄附行為の写し等を添付し、これを納税地の所轄税務署長に提出するものとします（社会医療法人の認定について（平成20年医政発第0331008号）第3、6（6）②）。

(1)　課税対象所得

社会医療法人は法人税法上、公益法人等として取り扱われます（法法2六、別表第二）。そのため、収益事業についてのみ課税されます（法法4①）。また、社会医療法人の本来業務であり収入の大部分を占めると考えられる

195

「医療保健業」からもたらされる収入は、課税対象から除かれています（法令5二十九チ）。医療法人の中で法人税法上このように有利に取り扱われる法人形態は、社会医療法人だけです。

(2) 収益事業に対する課税

社会医療法人の業務のうち本来業務以外の業務については、収益事業から生じる所得であるとして法人税が課税されます（法令5二十九チ）。具体的には以下の業務が課税対象となる収益事業に該当します。

① 附帯業務
　訪問看護ステーションやデイサービス、有料老人ホーム等
② 附随業務
　病院内の売店や患者用駐車場等
③ その他の収益業務
　不動産賃貸事業等

収益事業に対する法人税率は、軽減税率19％（所得800万円までは15％）です。

なお、医療保健業に係る医療の一環として行う業務であっても、入院患者に対する日用品の販売やクリーニングの取次ぎ等は、課税対象の収益事業に該当します（法基通15－1－58（注））。

(3) みなし寄附金制度

上記のとおり、社会医療法人は法人税法上公益法人等と取り扱われるため、社会福祉法人といった公益法人等と同様にみなし寄附金制度の適用があります。ここでいう「みなし寄附金」とは、収益事業に属する資産から収益事業以外の事業のために支出した金額をいいます。

公益法人等が支出したみなし寄附金の金額のうち、その法人の収益事業に係る法人税の課税所得の50％相当額（当該金額が年200万円に満たない場合は、年200万円）が損金算入されます（法法37⑤）。たとえば、不動産賃貸業（収益事業）で生じた所得を医療保健業（非課税事業）に寄附すること

により、課税所得がその金額だけ減額されることになります。さらに、収益事業の所得金額が200万円に満たない場合、収益事業について法人税が課されないこととなります。

図表2－36　みなし寄附金のイメージ図

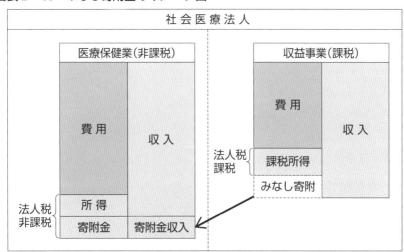

2　その他の税目

社会医療法人は以下の税目についても優遇されています。中でも、出資持分が存在しないため社員としての地位に対して相続税も課されない点は、事業承継上もメリットがあるといえます。

(1)　源泉所得税

預金利息や株式の配当に係る源泉税は非課税となります（所法11①、別表第一）。

(2)　地方税

法人税が非課税となる医療保健業に係る所得は、法人住民税および法人

事業税も非課税となります。また、救急医療等確保事業の用に直接供する病院および診療所の敷地等の不動産については、その取得に係る不動産取得税や固定資産税および都市計画税が非課税とされています（地法73の4①三の二、八の二、348②九の二、十一の五、地令36の5①、49の10①）。

(3) **相続税**

社会医療法人には出資持分が存在しないため、社員としての地位は相続財産にならず、相続税も課税されません。

Q2-28 社会医療法人の認定が取り消された場合、税務上どのように取り扱われるのか？

> Q2-27で社会医療法人は課税上優遇されていることがわかり、現在私の経営する医療法人も社会医療法人への移行を検討しています。その中で、社会医療法人として認定されたのちにその認定が取り消されることがあると聞きました。この場合、税務上はどのように取り扱われるのでしょうか、教えてください。

> 仮に社会医療法人の認定が取り消された場合、医療法人の純資産価額（簿価ベース）から利益積立金額を控除した金額（累積所得金額）につき、法人税が課されることとなるため、注意が必要です。

解説

1 社会医療法人の認定取消しと課税

都道府県知事（または厚生労働大臣）は、その認定ののち、要件を満たさない等の理由が生じた場合には、社会医療法人の認定を取り消すこととなります（医療法64の2①）。ただし、都道府県知事（または厚生労働大臣）は、当該認定を取り消す場合には、医療審議会（または社会保障審議会）の意見を聞かなければなりません（医療法64の2②）。

問題は、認定取消しとなった場合の課税です。すなわち、仮に社会医療法人の認定が取り消された場合、医療法人の純資産価額（簿価ベース）から利益積立金額[37]を控除した金額（累積所得金額）につき、法人税が課されることとなります（法法64の4①、法令131の4①）。

図表 2 - 37　認定取消し時の課税

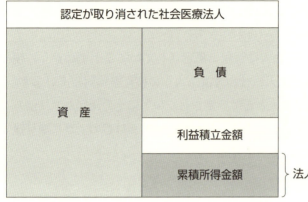

　当該措置は、認定後(普通法人であれば課税されたはずの)累積した非課税所得の総額を、認定取消し時に一括して課税するというもので、一般社団法人および一般財団法人についても同様に適用されます。これは社会医療法人移行に係る潜在的な大きなリスクであるといえます。

　理論的には、当該(元)社会医療法人は主務官庁から公益性を失ったと認定されたわけで、税制上の優遇措置を受ける根拠を失ったのであるから、認定取消し時に累積所得金額について課税すべきということになるのかもしれません。しかし現実には、認定後相当年数経過し累積所得金額が巨額に上る場合、一括で課税することは過酷に過ぎる(懲罰的課税)ともいえるでしょう[38]。したがって、たとえば、遡及課税は更正期限の5年に限るべきといった現実的な法改正も検討されるべきでしょう。

　なお、社会医療法人の認定が取り消された場合には、所轄税務署長にその旨を届け出る必要があります。

---

[37] 社会医療法人に移行する前の利益や移行後の収益事業から得られた利益に対する課税済利益の金額をいう。
[38] 日本医師会や四病院団体が「平成26年度税制改正要望」の9に掲げている。

2　厚生労働省の対応

　社会医療法人の認定取消しに係る遡及課税の問題点に対しては、厚生労働省も一定の対応をとっています。すなわち、厚生労働省は平成26年3月31日付厚生労働省医政局長通知（医政発0331第27号）を発遣し、「社会医療法人が救急医療等確保事業に係る基準を満たせなくなることで、事業を継続して再び基準を満たせるような事業改善が図られうるにもかかわらず、突然、認定取消しの手続を開始し地域医療に混乱を与えるような事態が起こらないよう」、以下の措置を講ずることとなりました。

① 　所管の社会医療法人について救急医療等確保事業基準を満たすことができないおそれがないか適宜確認するとともに、そのようなおそれのある社会医療法人が判明した場合には、当該社会医療法人に対して事業の改善を指示すること
② 　社会医療法人が救急医療等確保事業基準を満たすことができない場合においても、当該社会医療法人に事業の継続の意思があり、かつ都道府県知事が一定の猶予を与えれば改善が可能であると認める場合には、当該社会医療法人に対して１年間の猶予を与えることができること
③ 　都道府県知事が猶予を与えるかどうかの判断を行うにあたっては、改善計画書等必要な資料を提出させた上で行うこと

　要するに、社会医療法人が救急医療等確保事業基準を満たすことができない場合においても、直ちに認定を取り消すのではなく、当該社会医療法人に事業の継続の意思があり、かつ都道府県知事が一定の猶予を与えれば改善が可能であると認める場合には、当該社会医療法人に対して１年間の猶予を与え、その間に改善を促すという弾力的な方策を採ったというわけです。

　厚生労働省による当該運用方法を図示すると、**図表２−38**のようになり

ます。

図表2－38 社会医療法人の認定取消しに係る運用

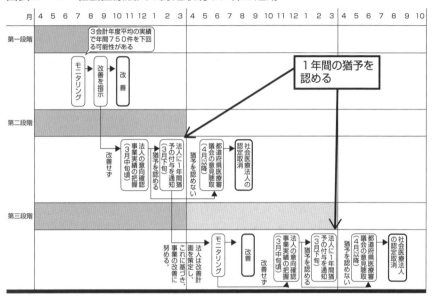

（出典） 厚生労働省医政局「第1回医療法人の事業展開等に関する検討会」資料より

第5節　医療法人の形態と事業承継

 医療法人は自己の出資持分を取得することができるのか？

　私はある出資持分ありの医療法人の社員です。先日当該医療法人の出資持分を評価してもらったところ、思いのほか高額になることが判明し、相続税の支払いが心配になってきました。ところで、非上場の株式会社の場合は、その株式の相続に関し納税資金を確保するため、相続人が株式会社に対し相続した株式を譲渡することがあるようです。医療法人の場合にも同様の手段が考えられるのでしょうか、教えてください。

　医療法人の場合社員が医療法人から出資持分の払戻を受けることができるのは除名、死亡または退社により社員の資格を喪失した場合に限られていますので、事業承継という観点からは株式会社よりも柔軟性に乏しいといえるでしょう。

解説

1　自己株式の取得

　株式会社においては、平成13年の商法改正により自己株式の取得が解禁されています。以後自己株式の取得はさまざまな場面で利用されていますが、事業承継においても自己株式の取得は有効な手段となり得ます。
　たとえば、非上場会社のオーナー経営者に相続が発生し、その相続人に多額の相続税負担が生じた場合、納税資金に充てるため発行会社に相続した株式の一部を譲渡するという方法がよく採られます。このような相続に

より個人が取得した非上場株式の発行会社への譲渡の場合、譲渡金額のうち資本金等の額を超える部分の金額についてのみなし配当課税はなされず、株式の譲渡益部分にかかる譲渡所得課税（所得税15.315％および住民税5％の計20.315％による申告分離課税）がなされます（措法9の7、37の10）。

2　医療法人への出資持分の譲渡

出資持分ありの医療法人（経過措置型医療法人）の場合、出資者である社員が医療法人からその持分の払戻を受けることができるのは、除名、死亡または退社により社員資格を喪失した場合に限られています（昭和61年健政発第410号厚生省健康政策局長通知「社団医療法人モデル定款例」第7条および9条）。したがって、議決権を行使するため社員の地位にとどまったまま、相続税の納税資金に充てるべく持分の一部のみを医療法人に譲渡してその払戻を受けることはできません。

また、社員が退社により払戻請求権を行使し、出資持分に関し払戻を受ける場合には、その際に受領した金額が当初の払込金額を超えるときには、その超える部分の金額については、みなし配当課税（総合課税、所法25①）がなされます[39]。

そのため、出資持分ありの医療法人は、事業承継という観点からは、自己株式の取得を自由に行うことができる株式会社よりも柔軟性に乏しいといえるでしょう。

---

[39] なお、払戻を受けた金額のうち、みなし配当部分の金額以外の金額は、譲渡所得の総収入金額とみなされる（措法37の10③三）。

第5節　医療法人の形態と事業承継

 出資持分の暦年贈与についてはどのように課税されるのか？

　私はある出資持分ありの医療法人の理事長です。息子への事業承継に関し現在さまざまな方策を検討中ですが、生前からできる方法として、暦年贈与により地道に出資持分を贈与する方法もその選択肢の1つとして挙げられています。それでは、暦年贈与により医療法人の出資持分を贈与した場合の課税関係を教えてください。

　出資持分の暦年贈与については贈与税が課税されますが、毎年110万円の基礎控除の適用があるため、長期間にわたり行えば、効果的な事業承継対策となり得ます。

解説

1　出資持分の贈与

　医療法上、医療法人の出資持分の贈与に関する規制は特にありません。そのため、財産性がある有価証券である出資持分については、実務上その贈与が行われているところです。

2　暦年贈与に対する贈与税課税

　相続税法上、経過措置型医療法人の出資持分は法人に対する出資であり、その事務所の所在地が国内であるため、個人である社員が別の個人（後継者等）に対してそれを贈与する場合には、贈与を受けた者に対して贈与税が課されることとなります（相法2の2①、10①八）。

贈与税は、個人がその年の1月1日から12月31日までの間に贈与を受けた財産の合計額から、基礎控除額である110万円を控除した残額に対して課税されます（暦年課税、相法21の2①、21の5）。ただし、相続時精算課税制度の適用を選択した場合は、**Q2-31**を参照してください。

3　暦年贈与のメリット

暦年贈与（暦年課税）を行うメリットですが、毎年110万円の基礎控除の適用があるため、長期間にわたり行えば、効果的な事業承継対策となり得るという点です。贈与先を1人に限定せず、複数の子供や孫（世代飛ばしの効果も望める）まで含めれば、それぞれの贈与に対して基礎控除枠の適用があるため、更に有効であるといえます。

4　連年贈与認定リスク

さて、毎年一定の金額の贈与を行うことにより暦年課税の適用を受ける場合、注意すべきは「連年贈与」と認定され課税されるリスクについてです。

連年贈与とは、一般に、毎年同額をほぼ同時期に贈与する形態をいい、贈与税の非課税（基礎控除）枠である年間110万円を最大限に活用するために行われる贈与です。連年贈与が問題となるのは、それが「有期定期金の贈与」があったとみなされる可能性があるからです。有期定期金とは、一般に、一定の期間にわたって金銭その他の物の給付を受ける権利のことをいいます。従来、有期定期金は相続税法上、その残存期間に応じて評価することとなっていました（旧相法24）。

たとえば、親から子へ、毎年100万円15年にわたって与える有期定期金契約であれば、当該契約は100万円×15×50％＝750万円の評価額となり、(750万円－110万円)×40％－125万円＝131万円という税額が課されることとなっていました。1年当たりの贈与額は基礎控除以下（100万円）であっても、

第5節　医療法人の形態と事業承継

　最初の年に有期定期金の贈与があったとみなされれば、このような思わぬ多額の税額が課される可能性がありました。
　なお、平成22年度の税制改正で、有期定期金等の有利な評価方法を利用した年金保険の加入による相続税の節税を封じ込めるため、定期金の評価については、約定利率による複利年金現価率（残存期間に応するもの）による評価を原則とする方法に改められました（相法24①）。
　ところで、最近いくつかの大手信託銀行が「暦年贈与信託」という商品を開発し販売しています。当該商品は金銭の贈与を対象としていうため、本件のような出資持分の贈与には利用できませんが、連年贈与のリスクを考える上で有用な事例ですので、以下で若干検討してみます。
　信託銀行の資料によれば、その仕組みと活用例は**図表２‐39～２‐40**のとおりです。

図表２‐39　暦年贈与信託の仕組み

1 契約時	
贈与する場合の手続 （贈与手続きは原則年に1回できます。）	❶資金を信託銀行へ預入れ ❷今後、贈与を受ける方の候補（受益者候補）を3親等以内の親族から指定 ❸契約時に第1回目の贈与手続を依頼することも可能

2 契約の翌年以降の贈与手続　※贈与手続は原則年に1回できる。	
贈与する場合の手続	毎年送付する「贈与の依頼書」に「誰に」「いくら」贈与するのか記入して返送

※贈与の希望がない場合は、依頼書を返送する必要はない。

▼

信託銀行から贈与を受ける人へ「受贈の確認書」を郵送

贈与を受ける場合の手続	信託銀行から送られてくる「受贈の確認書」に贈与を受けるかどうか等の必要事項を記入して返送

▼

信託銀行は、贈与手続を実施

※贈与を受けた後、契約の残高等について年1回、贈与する人にも返却する。

（出典）　三菱UFJ信託銀行暦年贈与信託「おくるしあわせ」ホームページを基に作成

図表 2 – 40　暦年贈与信託の活用例

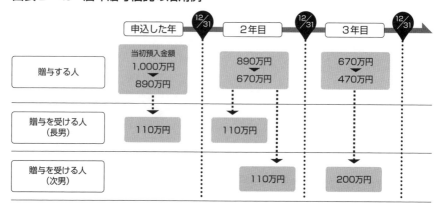

●暦年課税にかかる贈与では、1月1日から12月31日までの間に贈与を受ける人がその年に受けたすべての贈与財産（複数名からの贈与も含む）の合計額が110万円を超えた場合、贈与を受ける人は贈与税を申告・納付する必要がある。

（出典）　三菱ＵＦＪ信託銀行暦年贈与信託「おくるしあわせ」ホームページを基に作成

　上記の商品では、連年贈与と認定されるリスクを小さくするため、面倒でも毎年誰にどれだけ贈与するのか贈与者が意思表示を行うとともに、受贈者からも当該贈与を受諾する意思を確認する仕組みとなっています。出資持分の贈与についても同様に、連年贈与と認定されるリスクを小さくするため、毎年贈与者と受贈者間で贈与契約を締結し、基礎控除を超える金額の贈与を行う場合には贈与税の申告[40]を行うといった方策を採る必要があるでしょう。

　連年贈与については、最近の課税例が聞かれず実務的にはリスクが小さいという見方もありますが、理論的リスクはまだ残っていますので、注意が必要です。

---

[40] 贈与税の申告は私法上の贈与契約の有効性を担保するものではなく、絶対視できるものではないことに留意すべきであろう。

Q2-31　出資持分の贈与について相続時精算課税制度の適用を受けるメリットは何か？

　医療法人の出資持分の贈与を通じた事業承継については、暦年課税以外に相続時精算課税制度の適用によることもあるのではないかと考えています。仮に相続時精算課税制度の適用を受けた場合、暦年課税との比較でどのようなメリットがあるのでしょうか、教えてください。

　将来価値の増加が見込まれる出資持分の贈与については、贈与時の価額で課税価格が評価される相続時精算課税制度の適用を検討するメリットがあるものと考えられます。

解説

1　相続時精算課税制度とは

　平成15年度の税制改正で、生前贈与を容易にし、次世代への資産の移転を促進する目的で、相続時精算課税制度が導入されました。

　相続時精算課税制度の概要は以下のとおりです。

(1)　贈与者および受贈者の要件

　贈与者（特定贈与者）は65歳以上の親、受贈者は20歳以上の推定相続人（贈与者の直系卑属）です（相法21の9①）。ただし、平成25年度の税制改正で、平成27年1月1日以降の贈与については、贈与者は60歳以上に引き下げられ（新相法21の9①）、受贈者は20歳以上の推定相続人および孫とされました（措法70の2の5①）。

(2)　住宅取得資金の贈与の特例

平成26年1月1日から12月31日までの間に、父母や祖父母から子や孫に住宅取得資金の贈与を行い、その資金の受贈者（特定受贈者、ただし合計所得が2,000万円以下）が平成27年3月15日までに住宅を取得し居住を開始している場合には、その住宅が省エネ・耐震対応住宅（良質な住宅用家屋）の場合は1,000万円まで、一般住宅の場合は500万円まで非課税[41]とされます（措法70の2）。

当該特例による非課税額は、暦年課税または相続時精算課税制度の非課税枠と合算して使用することができます（措法70の3）。

なお、平成27年度の税制改正で、当該制度は以下のとおり拡充される見込みです。

図表2-41 消費税率10%が適用される住宅用家屋の取得等の場合

住宅用家屋の取得等に係る契約の締結期間	良質な住宅用家屋	一般住宅
平成28年10月1日～平成29年9月30日	3,000万円	2,500万円
平成29年10月1日～平成30年9月30日	1,500万円	1,000万円
平成30年10月1日～平成31年6月30日	1,200万円	700万円

図表2-42 図表2-41 該当以外の住宅用家屋の取得等の場合

住宅用家屋の取得等に係る契約の締結期間	良質な住宅用家屋	一般住宅
平成27年1月1日～平成27年12月31日	1,500万円	1,000万円
平成28年1月1日～平成29年9月30日	1,200万円	700万円
平成29年10月1日～平成30年9月30日	1,000万円	500万円
平成30年10月1日～平成31年6月30日	800万円	300万円

(3) **選択の方法**

相続時精算課税制度の選択を行おうとする受贈者は、最初の贈与を受け

---

[41] 東日本大震災の被災者については、非課税枠は省エネ・耐震対応住宅の場合は1,500万円まで、一般住宅の場合は1,000万円までとされている（東日本大震災の被災者等に係る国税関係法律の臨時特例に関する法律38の2②六）。

た年の翌年2月1日から3月15日までの間にその旨等を記載した届出書を所轄税務署長に提出する必要があります（相法21の9②）。

(4) **特別控除額**

相続時精算課税制度の控除額（特別控除額）は特定贈与者ごとに2,500万円です（累積額、相法21の12）。

(5) **税率**

相続時精算課税制度の適用者が特定贈与者から受けた贈与額（贈与時の時価で評価、相法21の16③）から、複数年にわたり利用できる上記非課税枠（特別控除額）を控除した後の金額に一律20％の税率を乗じて贈与税額を計算します（相法21の13）。

(6) **精算課税**

相続時精算課税制度を選択した受贈者は、贈与者の相続発生時に、相続時精算課税制度の適用対象となる贈与財産と相続財産とを合算して相続税額を計算したのち、当該制度によりすでに納付した贈与税相当額を控除する必要があります（相法21の14、15、16）。なお、控除しきれない税額があるときは還付されます（相法33の2）。

2 相続時精算課税制度適用のメリット

相続時精算課税制度を適用するメリットは、まず非課税枠（特別控除額）が2,500万円あることから、基礎控除額が毎年110万円にとどまる暦年課税の場合と比較して、一度に多額の生前贈与が可能であることが挙げられます。

それに加えて注目すべきは、相続税の課税価格計算の際に算入される贈与財産の価額は贈与時の評価によるという点です。そのため、贈与時と相続時に相当の期間的な隔たりがあり、かつ贈与時よりも相続時の方がその財産の価値の上昇（値上り）が見込まれる場合には、相続時精算課税制度を適用するメリットは大きいといえます。

したがって、医療法人の事業承継に関しても、まだ創業間もなく剰余金がほとんどないが、経営状況が上向きで今後剰余金の蓄積が見込まれる等のため、将来価値の増加が見込まれる出資持分の贈与については、贈与時の価額で贈与財産の課税価格が評価される（値上り益部分には贈与税も相続税も課されない）相続時精算課税制度の適用を検討するメリットがあるものと考えられます。

第5節　医療法人の形態と事業承継

Q2-32　特定医療法人とは？

Q1-8において、移行計画認定後に移行すべき新医療法人の類型の1つとして、「特定医療法人」が挙げられています。調べてみたところ、医療法には特に定めがないようですが、特定医療法人とはどのような医療法人なのでしょうか、教えてください。

特定医療法人とは、医療法上の組織類型ではなく、租税特別措置法に規定され、国税庁長官の承認により税制上の優遇措置の適用がある医療法人をいいます。

解説

1　特定医療法人の意義

特定医療法人とは、医療法に規定される組織類型ではなく、租税特別措置法に規定され、その事業が医療の普及および向上、社会福祉への貢献その他公益の増進に著しく寄与し、かつ、公的に運営されていることについて、国税庁長官の承認（平成15年3月から、それ以前は財務大臣の承認であった）を受けることで、税制上の優遇措置（主として法人税率の軽減措置（25.5％（平成27年度の税制改正で23.9％になる予定）➡19％））を受けることができる医療法人のことをいいます（措法67の2）。特定医療法人は導入以来すでに50年ほど経過しており、平成26年3月末現在の法人数は375です。

2　特定医療法人の承認

213

特定医療法人となるための手続としては、まず下記(2)に関する厚生労働大臣の証明書（窓口は地方厚生局）を取得してから、所轄の国税局に審査の申込みをすることとなります。

特定医療法人の承認を受けるための基準は以下のとおりです。

(1) 租税特別措置法で定める基準
① 財団または持分の定めのない社団の医療法人であること
② 理事・監事・評議員その他役員等のそれぞれに占める親族等の割合がいずれも3分の1以下であること
③ 設立者、役員等、社員またはこれらの親族等に対し、特別の利益を与えないこと
④ 寄附行為・定款に、解散に際して残余財産が国、地方公共団体または他の医療法人（財団たる医療法人または社団たる医療法人で持分の定めがないものに限る）に帰属する旨の定めがあること
⑤ 法令に違反する事実、その帳簿書類に取引の全部または一部を隠ぺいし、または仮装して記録または記載している事実その他公益に反する事実がないこと

(2) 厚生労働省告示で定める基準
① 公益の増進に著しく寄与すること
- 社会保険診療に係る収入金額（公的な健康診査を含む）の合計額が全収入の8割を超えること
- 自費患者に対し請求する金額は、社会保険診療報酬と同一の基準により計算されるもの
- 医療診療収入は、医師、看護師等の給与、医療提供に要する費用等患者のために直接必要な経費の額に100分の150を乗じた額の範囲内であること
② 役職員1人につき年間の給与総額が、3,600万円を超えないこと
③ 医療施設の規模が告示で定める基準に適合すること

- 40床以上（専ら皮膚泌尿器、眼科、整形外科、耳鼻咽喉科または歯科の診療を行う病院にあっては、30床以上）の規模であること
- 救急告示病院であること
- 救急診療所である旨を告示された診療所であって15床以上を有すること

④ 医療機関ごとに、特別の療養環境に係る病床数が当該医療施設の有する病床数の100分の30以下であること

3 特定医療法人に対する税制上の優遇措置

特定医療法人になると、以下に掲げる税制上の優遇措置が受けられます。

(1) 法人税・地方税の軽減

特定医療法人になると、承認を受けた日の属する事業年度から法人税率が19％に下がります（所得金額800万円以下の部分は平成29年3月31日までに開始する事業年度につき15％、措法67の2①、42の3の2①四）。これに伴い、法人税額に基づいて計算される法人住民税（地方税）の法人税割額も軽減されます。その結果、一般の医療法人と比較して、法人税と法人住民税の合計で8％程度実効税率が下がることになります。

(2) 出資に対する相続税非課税

特定医療法人の（旧）出資者は、その転換時に定款変更により出資持分を放棄することになりますので、出資持分という概念がなくなり、相続税の課税対象財産には含まれません。特定医療法人の出資に対するこのような取扱いを勘案すれば、医療法人の事業承継に関し、特定医療法人への移行もその1つの選択肢となり得るでしょう。

(3) 不動産取得税および固定資産税

特定医療法人が経営する看護師、歯科衛生士、助産師等の養成施設の不動産取得税および固定資産税は非課税とされています。

4　税務署等への報告義務

　特定医療法人は、各事業年度末から3か月以内に、特定医療法人としての要件を満たしている旨の証明書（定期提出書類）を所轄税務署長を経由して国税庁長官に提出する必要があります（措令39の25⑤）。

Q2-33 医療法人の事業承継に信託を利用することは可能か?

近年、オーナー会社の事業承継対策として、信託を利用した方法が有効であるとよく聞きます。それは具体的にはどういう方法でしょうか、教えてください。また、そのような手法が医療法人についても利用可能なのでしょうか、合わせてご教示ください。

医療法人の場合、株式会社のように信託受益権から議決権行使の指図権を分離することは困難と考えられますので、事業承継のビークル(事業体)として信託を利用する意義は乏しいものと考えられます。

解説

1 事業承継と種類株式

事業承継における焦点の1つは、選定された後継者により承継する事業への支配権が確保されることであるといえます。営利企業の場合、それを実現するために考えられる方法としては、種類株式の発行というものが考えられます。

すなわち、株式会社の場合、後継者に議決権ありの普通株式(議決権普通株式)を取得させ、それ以外の相続人には定款の定めにより発行可能な無議決権株式(議決権制限株式)を取得させるという方法を採るわけです(会社法108①三)。これにより、後継者に対して会社支配の源泉である議決権の集中を図るとともに、後継者以外の他の相続人の遺留分の問題(民法1028)を一応解決することができるものと考えられます。ただし、無議決

権株式を発行する場合であっても、その株主は種類株主総会の議決権を有する点に留意する必要があります（会社法325）。

それでは医療法人の場合はどうかというと、医療法人には種類株式という考え方はありません。すなわち、事業承継を検討すべき社団医療法人の場合、出資の多寡にかかわらず社員には1人1票の議決権が付与されており（医療法48の4①）、議決権のない社員というものは存在しないため、残念ながらこの方法を利用することができません。

2 事業承継のビークルとしての信託

ところで営利企業の場合、種類株式の発行による事業承継の方法を選択した場合、特に信託や組合といったビークル（事業体）を利用する必要はありません。それではなぜ事業承継にわざわざビークルを活用するのでしょうか。それは、種類株式の発行による事業承継には不確実性があるためです。すなわち、後継者の承継する事業への支配権を確保するため、後継者以外の相続人等の取得する株式を無議決権株式（完全無議決権株式[42]）とした場合であっても、当該無議決権株式の株主は種類株主総会の議決権を有するのです。種類株主総会においては、種類株主に損害を及ぼす恐れがある場合における当該行為の承認が決議事項となるので（会社法322）、後継者の事業運営に支障をきたす可能性があるといえます。また、種類株式の発行は登記事項であるという点も留意する必要があります（会社法911③七）。

このような不確実性を可能な限り排除するため、ビークルを利用しようという動機が生じるわけです。特に、後継者の支配権を確保するという目的を達成するため最近注目されているのが、信託の利用です。その基本的な枠組みは**図表2－43**のとおりです。

---

[42] 株主総会における一切の事項につき議決権がない株式をいう。江頭前掲注27書145頁。

第5節 医療法人の形態と事業承継

図表2-43 事業承継のビークルとしての信託（遺言代用信託）

　経営者は信託（遺言代用信託、信託法90）を設定し、受託者に株式を譲渡しますが、受益者はその存命中は経営者自身であるとします。経営者の死後は、信託契約にあらかじめ定められていた後継者を含む相続人である受益者に受益権が移転します（信託法90①一）。しかし、受益権から分離された議決権行使の指図権[43]は、経営者の存命中は経営者が保持し、死後は受益者のうち後継者のみに移転することとします。これにより、受益権は他の相続人も含めて承継しつつ、不確実要素となり得る種類株式を発行することなく議決権を後継者に集中させることができるわけです。

　なお、相続税の財産評価上、議決権の有無は原則として評価額に反映しないこととされている（平成19年3月9日国税庁資産評価企画官情報第1号「種類株式の評価について（情報）」1（2）イ）ことから、議決権行使の指図権の評価額は原則としてゼロと考えられます[44]。

---

[43] 非公開会社においては、議決権について定款により株主ごとに異なる取扱いをすることが会社法上認められていることから（会社法109②）、特定の受益者に議決権行使の指図権を集中させても問題ないとされている。中小企業庁財務課・信託を活用した中小企業の事業承継円滑化に関する研究会「中間整理」（平成20年9月）8頁参照。
[44] ただし、議決権により配当金額や役員報酬といった将来のキャッシュフローを左右できることは疑いのないところであることから、その評価方法はともかくとして、財産評価額をゼロとする取扱いが今後も継続するかについては疑問がある。

3　医療法人の事業承継と信託

　それでは、医療法人の場合、営利法人と同様に事業承継に信託を利用することが可能なのでしょうか。信託を用いた事業承継対策の肝は、受益権から議決権行使の指図権を分離し、当該指図権を後継者に集中させることで議決権を確保する点にあります。株式会社、中でも非公開会社[45]の場合、株主平等原則の例外として、株主ごとに議決権につき異なる取扱いをする旨を定款で定めることができることから（会社法109②）、信託を利用すればこのようなスキームを組成することが可能といえます。

　ところが医療法人の場合、医療法上、出資の多寡にかかわらず社員には１人１票の議決権が付与されていることから（医療法48の４①）、社員ごとに議決権につき異なる取扱いをする旨を定款で定めること[46]は困難であると考えられます。したがって、医療法人の場合には、信託を利用し、受益権から議決権行使の指図権を分離し、当該指図権を後継者に集中させることで議決権を確保するという方法は採用できないものと考えられます。

---

[45] 一般に、譲渡制限株式（その譲渡につき会社の承認が要する株式）の発行を定款で定めている、公開会社でない株式会社をいう（会社法２五）。
[46] なお、一般社団法人の場合、議決権につき定款で別段の定めをすることができるとされているが（一般法人法48①）、一般社団法人の場合株式会社と異なり、社団の運営に参加することが社員の最大の目的であることから、社員の議決権の制限は合理的なもののみ許されると解されている。四宮・能見前掲注10書101頁参照。

第3章

医療法人の M&A実務

第3章 医療法人のM&A実務

第1節 医療法人の M&A の形態

Q3-1 医療機関のM&Aが行われるのはなぜか？

> 私は医療法人の理事長として歯科診療所の経営に携わっていますが、最近医療法人等の医療機関のM&Aが活発に行われているという話を聞きます。これにはどういう背景があるのでしょうか、教えてください。
>
>
>
> 医療機関・医療法人を取り巻く経営環境がきびしさを増す中で、医療機関のM&Aが活発化する背景には、売り手および買い手双方に事情や実行するメリットがあることが挙げられます。

解説

1 医療法人を取り巻く環境

医療法人を取り巻く経営環境は近年ますますきびしさを増しており、2013年度の休廃業・解散の件数は**図表3−1**のとおり2006年以降最多であったことが民間の調査機関の調査で判明しています。

法人の代表者の年齢別でみると、2013年度に休廃業・解散した法人の26.7％は70歳代、23.8％が80歳以上で、60歳以上は合わせて72.9％に達し

ており、調査機関の分析では「事業承継問題が深刻化している」とのことです。

図表3-1　医療法人等の休廃業・解散の件数

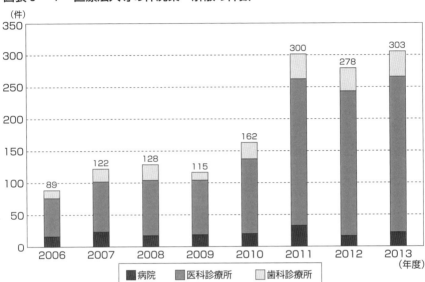

（出典）　CB news 2014年6月10日

2　売り手側の事情

　医療機関に限らず、企業のM&Aにおいては、売り手と買い手、およびその両者を仲介する業者（銀行や証券会社、M&A仲介専門業者等）がいて初めて成立します。医療機関のM&Aは売り手買い手ともに医療機関ですが、売り手である医療機関にとっては以下のような事情や理由があるものと考えられます。

(1)　**後継者不在**

　後継者と期待していた理事長の息子・娘が医師にならず、または医師に

なっても勤務医を続けるといった理由により、後継者が不在であるため、第三者に病院・診療所を引き継いでもらう必要があるといったケースが多くみられます。地域医療を担う開業医の場合、後継者がいないからといって、医療機関を閉鎖することは容易ではなく、また、雇用の確保の面からも事業の存続は非常に重要といえます。

(2) **創業者利潤の実現**

後継者がいない場合に多いのですが、含み益が生じた医療法人の出資持分を譲渡して現金化し、悠々自適の生活を送りたい（または経営の一線から引退し勤務医としてワークライフバランスを目指す）という創業者の意図がある場合も見受けられます。

(3) **医師確保が困難**

後継者がいる場合であっても、医師や看護師の確保が困難で事業継続に支障をきたすことが予想される場合には、大手医療法人グループの傘下に入り、規模の拡大（スケールメリット）で医療人材の確保を期すケースもみられます。

(4) **経営不振**

経営不振で単独での事業継続が困難と考えられる場合、大手医療法人グループの傘下に入り、信用力を高めて資金繰りの改善を図り、経営の立て直しを目指すケースもあります。

3　買い手側の事情

一方、買い手側の医療機関には以下のような意図があります。

(1) **規模の拡大**

買収による規模の拡大（スケールメリット）により、医薬品や医療材料等の大量購入によるボリュームディスカント（コスト削減）が可能となり、経営効率が高まることが期待されます。また、医師や看護師等の医療スタッフの最適配置も可能となります。

(2) 病床の権利の獲得

現在経営する医療法人の立地する場所とは異なる場所（2次医療圏）への進出を図る場合、すでにそこが「病床過剰地域[47]」であるときには、新規の病床申請が通らない可能性が高いといえます。その場合、既存の病院（医療法人）を買収して病床の権利を獲得するのが得策といえます。

(3) 医療機能の充実

現在提供（標榜）していない診療科や医療機器等を有する医療機関を買収することで、新規にその診療科等を立ち上げる場合と比較して、時間の面でも手間の面でも容易に医療機能の充実を図ることができます。

(4) 経営支援の要請

経営が行き詰まった医療機関からの要請で買収を行うケースも少なくありません。経営支援を要請される医療機関は過去に病院再生に成功したところ等に限定されており、その要請に応じることは、医療界における買収側の医療機関の名声を高めることにもつながります。場合によっては、再生後に転売してキャピタルゲインを得ることも考えられます。

---

[47] 一般に、都道府県の医療計画における基準病床数を実際の病床数が上回っている地域のことを指す。

-2　医療法人における事業譲渡とは？

> 医療機関や医療法人のM&Aが増加しているとのことですが、その中で事業譲渡によるケースがあると聞きます。それは具体的にはどういう手法なのでしょうか、教えてください。
>
>
>
> 「事業譲渡」とは一般に、一定の事業目的のために組織化され、有機的一体として機能する財産を他者に譲渡することをいい、たとえば、複数の病院を経営する医療法人がそのうちの1つを他の医療法人に売却するケース等が挙げられます。

解説

1　事業譲渡とは

事業譲渡[48]とは一般に、一定の事業目的のために組織化され、有機的一体として機能する財産（いわゆる「ゴーイング・コンサーン」）を他者に譲渡することをいいます[49]。事業譲渡はM&Aの領域では広く活用されており、医療機関の再編の際にもよく利用されています。

2　医療機関における事業譲渡

医療機関における事業譲渡は、たとえば、**図3-2**のように、複数の病

---

[48] 事業（営業）譲渡の商法上の意義についての判例として、最高裁昭和40年9月22日判決・民集19巻6号1600頁参照。
[49] 江頭前掲注27書943-944頁

院を経営する医療法人がそのうちの1つを他の医療法人に売却するケース等が挙げられます。

図表3-2　医療機関の事業譲渡

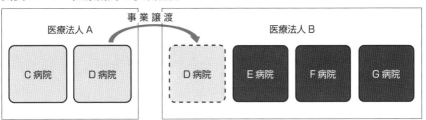

事業譲渡は、売り手買い手ともにメリットがある場合に行われます。売り手側のメリットとしては、不採算部門を切り離すことができることや、キャッシュフローが改善すること、残った部門の経営権は維持できること等が挙げられます。

一方、買い手側のメリットとしては、規模の拡大によるスケールメリットが期待できること、病床規制をクリアできること、新規立上げよりも時間や手間が省けること等が挙げられます。

-3　医療法人の合併は可能か？

営利法人の事業再編の手段として、営利法人同士の合併は頻繁に行われていますが、非営利である医療法人についても、医療法人同士の合併というのは可能なのでしょうか、教えてください。

医療法人も医療法の規定に従い、社団間または財団間で合併することが可能です。また、医療法の改正により、平成26年10月からは社団医療法人と財団医療法人との合併が可能となりました。

解説

1　合併に係る医療法の規定

医療法人間の合併については、医療法に規定があります。それによれば、医療法人は総社員の同意があるとき（社団医療法人の場合）または寄附行為に合併する旨の定めがあり理事の3分の2以上の同意があるとき（財団医療法人の場合）で、都道府県知事の認可がある場合には、社団同士または財団同士で合併することができます（医療法57）。

医療法には合併以外の他の組織再編の方法の規定はなく、従来、社団と財団という異なる組織形態間の医療法人の合併は認められていませんでした（旧医療法57①②）。ところが、平成26年の医療法改正により、平成26年10月からは社団医療法人と財団医療法人との合併も可能となりました（医療法57①②）。

医療法人間の合併（吸収合併の場合）のイメージ図は**図表3-3**のとお

りです。

図表 3 - 3　医療法人間の合併（吸収合併の場合）

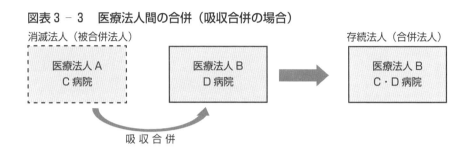

医療法人間の合併はまだ事例が多くありませんが、医療機関同士の競争激化や医療スタッフの不足といった環境変化に対応するため、今後増加が見込まれています。最近では、たとえば、北海道において社会医療法人同士の合併（社会医療法人孝仁会および社会医療法人社団硯心会）が報道されています[50]。

2　医療法人間の合併の意義と効果

医療法人間の合併の意義について、厚生労働省は医政局指導課長名の通知で、「『合併』とは、法定の手続によって行われる医療法人相互間の契約であり、当事者たる医療法人の一部又は全部が解散し、その財産が精算手続を経ることなく、包括的に存続する医療法人又は新設の医療法人に移転すると同時に、その社員が後の医療法人の社員となる効果を伴うものであること」としています（平成24年5月31日医政指発0531第2号「医療法人の合併について」第1）。

上記規定のうち特に重要なのは、合併後存続する医療法人（吸収合併の場合）または合併によって設立した医療法人（新設合併の場合）は、合併

---

[50] 平成26年3月4日付日本経済新聞

によって消滅した医療法人の権利義務（当該医療法人がその行う事業に関し行政庁の認可その他の処分に基づいて有する権利義務を含む）を包括的に承継する、ということです（医療法61）。したがって、消滅法人（被合併法人）の従業員や医療機器はもちろんのこと、借入金や患者との係争といった債務や義務も引き継ぐこととなりますので、合併前に十分その点を調査（デューディリジェンス）により洗い出しておく必要があると思われます。

また、合併の効果については、吸収合併の場合においては、従来の医療法人のうち存続する医療法人を除く他の医療法人の解散、存続する医療法人の変更および解散した医療法人の権利義務の存続する医療法人への包括的移転を生ずることであり、新設合併の場合においては、従来の医療法人の全部の解散、医療法人の設立および解散した医療法人の権利義務の新設医療法人への包括的移転を生ずること、ということになります（平成24年5月31日医政指発0531第2号第6（5）参照）。

3　持分の定めのある社団医療法人の合併

持分の定めのある社団医療法人（経過措置型医療法人）が合併する場合、「出資持分」はどうなるのでしょうか。これについては医療法施行規則に規定があり、吸収合併による場合で合併法人および被合併法人がともに持分の定めのある社団医療法人（経過措置型医療法人）であるときには、合併後においても持分の定めのある社団医療法人として存続することができます（医療法施行規則35②）。すなわち、出資持分は消滅しないということになります。

ただし、合併当事者がいずれも持分の定めのある社団医療法人であるときでも、新設合併による場合には、新たに設立される医療法人は持分の定めのない医療法人となります（平成19年4月以降、新たに持分の定めのある社団医療法人を設立することはできない）ので、ご注意ください（平成24年5月31日医政指発0531第2号第2、2（2）③参照）。

Q3-4　医療法人の合併の手続は？

Q3-3で医療法人間の合併が可能であることがわかりました。それでは、合併に係る具体的な手続を教えてください。

医療法人の合併の手続については、法令に詳細な定めがありますので、それに従って進める必要があります。

解説

1　医療法人の合併手続の概要

医療法人の合併手続は、おおむね次頁の**図表3-4**のとおりとなります。

図表3-4
医療法人の合併手続

① 医療法人の機関決定（総社員の同意または理事の3分の2の同意）
　↓
② 都道府県知事への合併認可申請
　↓
③ 都道府県による審査・都道府県医療審議会の意見聴取
　↓
④ 都道府県知事による合併認可の「通知」
　↓
⑤ 財産目録および貸借対照表の作成（上記「通知」より2週間以内）
　↓
⑥ 債権者に対する公告・催告（上記「通知」より2週間以内）
　↓
⑦ 合併の登記

2 合併認可の申請書類

医療法人が都道府県知事の合併の認可を受けようとするときは、申請書に以下の書類を添付して、都道府県知事に提出しなければなりません（医療法施行規則35①）。

① 理由書
② 社団医療法人においては総社員の合意、財団医療法人においては原則として理事の3分の2以上の合意という手続を経たことを証する書類
③ 合併契約書の写し
④ 合併により医療法人を設立する場合においては、申請者が各医療法人において選任された者であることを証する書面
⑤ 合併後存続する医療法人または合併によって設立する医療法人の定款または寄附行為
⑥ 合併前の各医療法人の定款または寄附行為
⑦ 合併前の各医療法人の財産目録および貸借対照表
⑧ 合併後存続する医療法人または合併によって設立する医療法人について、合併後2年間の事業計画およびこれに伴う予算書
⑨ 合併後存続する医療法人または合併によって設立する医療法人について、新たに就任する役員の就任承諾書および履歴書
⑩ 合併後存続する医療法人または合併によって設立する医療法人について、開設しようとする病院、診療所または介護老人保健施設の管理者となるべき者の氏名を記載した書面

3 合併の登記

医療法人の合併は、合併後存続する医療法人または合併によって設立した医療法人が、その主たる事務所の所在地において組合等登記令の定める

ところにより登記をすることによって、その効力が生じます（医療法62）。

合併の登記は以下の3種類です。いずれも主たる事務所の所在地においては2週間以内に、従たる事務所の所在地においては3週間以内に行うことを要します（組合等登記令8、11、13）。

① 合併後存続する医療法人については、変更登記
② 合併によって消滅した医療法人については、解散登記
③ 合併によって設立した医療法人については、設立登記

第3章　医療法人の M&A 実務

-5　医療法人の合併に係る税務上の取扱いは？

　株式会社同士の合併の場合には、要件を満たせば税務上課税の繰延措置が受けられるようですが、医療法人同士の合併の場合はどうでしょうか、教えてください。

　医療法人も株式会社等と同様に、法人税法上の合併に係る適格要件を満たせば、課税の繰延措置の適用があります。

解説

1　合併に係る税務上の取扱概要

　法人税法上、合併は被合併法人からその資産・負債が合併法人へ時価で譲渡されたものとして取り扱われ、時価と簿価との差額につき譲渡損益を認識します（法法62①）。これは医療法人間の合併においても同様です。
　ところが例外として、法人税法上一定の要件を満たす場合には「適格合併」であるとして、上記譲渡損益が繰り延べられます（法法62の2①）。組織再編に係る税制適格の要件は、平成13年度の税制改正で、合併のみならず会社分割、現物出資、事後設立等とともに整備されたところです。

2　適格合併の要件

　合併に際し発生する譲渡損益が繰り延べられる「適格合併」に該当するための要件としては、以下のものが挙げられます。
(1)　**合併法人の出資のみ交付すること**

図表3－5　適格合併の必須要件

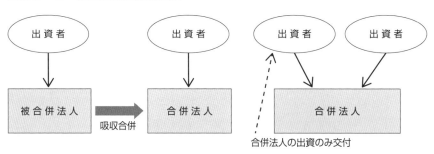

　最初の要件としては、合併に際して被合併法人の出資者に交付するものが「合併法人の出資」のみであること[51]が挙げられます（法法2十二の八）。ただし、出資持分の概念のない財団医療法人および出資持分のない社団医療法人の場合、当該要件を判定する必要はないものと考えられます。

(2) **企業グループ内の合併または共同事業を行うための合併であること**

　次に、その合併が「企業グループ内の合併」または「共同事業を行うための合併」であることが挙げられます（法法2十二の八）。

① 企業グループ内の合併

　企業グループ内の合併とは、合併法人と被合併法人間の持分関係が100％であるケース（完全支配関係、法法2十二の八イ、十二の七の六）、または、持分関係が50％超100％未満で「従業者引継ぎ」（おおむね80％以上）および「事業継続」の両要件を満たすケース（法法2十二の八ロ）を指します。

　企業グループ内の合併で完全支配関係にある法人同士の合併には、100％親子会社間の合併の他、同一出資者がそれぞれ持分を100％保有する兄弟会社間の合併があります。

　医療法人が他の医療法人の出資持分（「社員としての地位」ではない）

---

[51] ただし、合併に反対する出資者に対して、その買取請求権に基づく対価として交付される金銭等は除かれる（法法2十二の八カッコ書）。

図表3-6 企業グループ内の合併

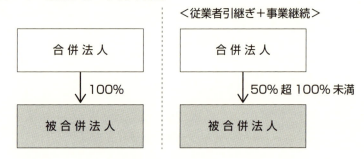

を有するケースはあまり多くないため、医療法人同士の合併に関し企業グループ内の合併の適用はないと考えられがちです。しかし、出資者が個人である場合、ある個人とその親族等同族関係者も同一出資者と扱われるため、たとえば夫が100％出資する医療法人と妻が100％出資する医療法人間の合併も適格合併に該当することとなります（法法２十二の七の六、法令４の２②カッコ書、４①）。

② 共同事業を行うための合併

共同事業を行うための合併とは、合併法人と被合併法人間の持分関係が50％未満で、以下のすべての要件を満たすケースを指します（法法２十二の八ハ、法令４の３④）。

ア．従業者引継ぎ

イ．事業継続（被合併法人の主要事業が継続されること）

ウ．事業関連（両者の主要事業が相互に関連するものであること）

エ．「事業規模（医業収益、従業者数、出資金額等がおおむね５倍を超えないこと）」または「特定役員引継ぎ（被合併法人の理事長、副理事長、常務理事等で経営に従事している者（特定役員）のいずれかと合併法人の特定役員のいずれかとが合併法人の特定役員となることが見込まれていること）」のいずれか

さらに、出資持分ありの経過措置型医療法人の場合には、以下の要

件も満たす必要があります。

オ．出資の継続保有（被合併法人の出資者で合併後も継続して全部保有することが見込まれる者の有する出資の合計が被合併法人の出資の80％以上であること）

なお、出資持分の定めのない医療法人同士の合併の場合、合併法人と被合併法人間の持分関係の判定が不能であるため、その合併が適格合併かどうかの判定は、上記「共同事業を行うための合併」に該当するかどうかにより行うこととなります（法令4の3④）。

図表3-7　共同事業を行うための合併

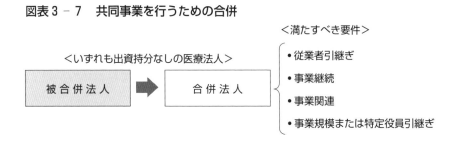

3　繰越欠損金の引継ぎとその制限

適格合併の場合、被合併法人において合併前に生じた繰越欠損金（未処理欠損金）は、原則として合併法人に引き継ぐことができます（法法57②）。

ただし、適格合併であっても、合併当事者がみなし共同事業要件（法令112③）を満たしていない場合には、被合併法人の未処理欠損金の引継ぎや含み損の損金算入には一定の制限がかかります（法法57③）。

また、専ら欠損法人の繰越欠損金の使用を目的に当該法人を合併（存続）法人とする、いわゆる「逆さ合併」による租税回避行為を防止するため、適格合併のうち一定の要件に該当するものについては、合併事業年度以降の以降の事業年度において、合併法人の欠損金がゼロであるとされます（法

法57④)。

4　合併に伴う消費税の取扱い

　消費税法上、国内において事業者が行った資産の譲渡等については、消費税が課されます（消法4①)。しかしながら、消費税が課される資産の譲渡等の範囲から「包括承継」が除外されています（消令2①四カッコ書)。

　合併は被合併法人の資産および負債が合併法人に包括承継されますので、消費税が課される資産の譲渡等には該当しないこととなります。これは、その合併が法人税法上適格であるか非適格であるかを問わないこととなります。

第1節　医療法人のM&Aの形態

Q3-6　医療法人の解散の手続は？

　私は産婦人科の診療所を開設する医療法人を経営する医師です。私はかねてから自分の診療所を息子に引き継いでもらおうと考えていましたが、息子は大学病院で臨床研究を続けたいという意志が強いため、事業承継は諦め、残念ながら医療法人は解散せざるを得ないと考えています。医療法人の解散の手続はどうなっているのでしょうか、教えてください。

　医療法人の解散の手続は医療法に規定があり、その定めに従って行うこととなります。

解説

1　医療法人の解散事由

医療法上、医療法人の解散事由は以下のとおりとなります（医療法55①③）。

① 定款または寄附行為によって定められた解散事由の発生
② 目的たる業務の成功の不能
③ 社員総会の決議（社団医療法人のみ）
　原則として総社員の4分の3以上の賛成が必要となります（医療法55②）。
④ 他の医療法人との合併
　合併により消滅する医療法人（被合併法人）は解散します。

239

⑤　社員の欠員（社団医療法人のみ）

　社団医療法人は社員が1人でもいれば存続しますが、ゼロとなれば解散となります。

⑥　破産手続開始の決定

⑦　設立認可の取消し

　なお、上記のうち②および③の事由による解散の場合には、都道府県知事の認可が必要です（医療法55⑥）。さらに、上記①および⑤の事由による解散の場合には、清算人はその旨を都道府県知事に届け出る必要があります（医療法55⑧）。

2　解散の決議

　社団医療法人の解散は、定款の定めに従い社員総会の決議によって行いますが、定款に別段の定めがない限り原則として、総社員の4分の3以上の賛成が必要です（医療法55②）。

　一方、財団医療法人の場合は、寄附行為の定めに従いあらかじめ評議員会の意見を聴いた上で、理事会の決議によって行います。厚生労働省が公表する財団医療法人のモデル寄附行為によれば、その第29条第2項において解散の規定があり、理事および評議員の総数のそれぞれ3分の2以上の同意を得ることとされています（厚生労働省「制度改正後、新たに設立する財団医療法人寄附行為例」、以下、財団医療法人のモデル寄附行為）。

　解散した医療法人は、清算の目的の範囲内において、その清算の結了に至るまではなお存続するものとみなされます（医療法56の2）。

3　清算人の選任

　医療法人が解散したときは、法人の清算を執行する清算人が必要となりますが、合併および破産手続開始の決定による解散の場合を除き、原則として理事が清算人となります（医療法56の3）。ただし、定款または寄附行

為に別段の定めがあるときや、社員総会において理事以外の者を選任したときは、理事以外の者、たとえば社団医療法人の社員や財団医療法人の評議員が清算人となることも可能です（医療法56の3但書）。

清算人の職務は以下のとおりです（医療法56の7①）。

① 現務の結了
② 債権の取立ておよび債務の弁済
③ 残余財産の引渡し

清算中に就職した清算人は、その氏名および住所を都道府県知事に届け出る必要があります（医療法56の6）。

なお、清算人となる者がいない場合には、裁判所は、利害関係人や検察官の請求、または職権によって清算人を選任することができます（医療法56の4）。

4 残余財産の帰属

解散した医療法人の残余財産は、合併および破産手続開始の決定による解散の場合を除く他、定款または寄附行為の定めるところにより、その帰属すべき者に帰属します（医療法56①）。なお、定款等に残余財産の帰属先が明示されていない場合には、国庫に帰属することとなります（医療法56②）。

また、厚生労働省が公表した平成19年4月1日以降に新たに設立する社団医療法人のモデル定款によれば、解散時の残余財産の帰属先は**図表3－8**のとおり定められています（厚生労働省「制度改正後、新たに設立する社団医療法人定款例」、以下、社団医療法人のモデル定款）。

図表 3 - 8　社団医療法人のモデル定款（解散時の残余財産の帰属先）

> 第34条　本社団が解散した場合の残余財産は、合併及び破産手続開始の決定による解散の場合を除き、次の者から選定して帰属させるものとする。
> (1) 国
> (2) 地方公共団体
> (3) 医療法第31条に定める公的医療機関の開設者
> (4) 郡市区医師会又は都道府県医師会（民法第34条の規定により設立された法人（著者注：現一般社団法人又は一般財団法人）に限る）
> (5) 財団医療法人又は社団医療法人であって持分の定めのないもの

5　解散の登記

医療法人が解散したときには、合併および破産手続開始の決定による解散の場合を除き、2週間以内に、その主たる事務所の所在地において解散の登記をしなければなりません（医療法43①、組合等登記令7）。

6　医療法人の解散手続の流れ

医療法人の解散手続の流れを示すと、おおむね**図表3-9**のとおりとなります。

第1節　医療法人のM&Aの形態

図表3－9　医療法人の解散手続の流れ

① 解散事由の発生

↓

② 社員総会または理事会の議決

↓

③ 都道府県知事の認可（必要な場合）

↓

④ 清算人の選任・解散の登記

↓

⑤ 都道府県知事への届出（必要な場合）

↓

⑥ 清算手続の実施

↓

⑦ 清算結了の登記・都道府県知事への届出

Q3-7 医療法人の解散に係る税務上の取扱いは？

Q3-6で医療法人の解散手続についてはおおむね理解できました。それでは、医療法人の解散に係る税務上の取扱いはどうなるのでしょうか、教えてください。

平成22年度の税制改正で清算所得課税が廃止され、平成22年10月1日以降に解散する法人については、清算中も各事業年度の所得に対する法人税が課税されることとなりました。

解説

1 平成22年度の税制改正

医療法上、解散した医療法人は、清算の目的の範囲内において、その清算の結了に至るまではなお存続するものとみなされます（医療法56の2）。

このときの税務上の取扱いですが、従来は、解散時点において、残余財産の価額（時価純資産価額）から解散時の資本金等の額および利益積立金等の額を控除した額を清算所得の金額として、当該清算所得につき法人税が課税されていました（財産法による清算所得課税、旧法法5）。ところが、平成22年度の税制改正で清算所得課税が廃止され、平成22年10月1日以降に解散する内国法人である普通法人（社会医療法人以外の医療法人もこのカテゴリーに含まれる）または協同組合等については、解散後も各事業年度の所得に対する法人税を課すこととされました（損益法による通常所得課税、法法5）。

2 医療法人解散時の課税

上記 **1** のとおり、平成22年10月1日以降における医療法人の解散については、解散時における清算所得課税が廃止され、通常の所得課税へと移行しています。それに伴い、みなし事業年度が設定されますが、これは図表3－10のようなイメージになると思われます（法法14①一、二十一）。

図表3－10　医療法人の解散時の課税（3月決算法人の場合）

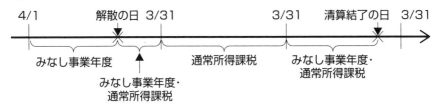

3 期限切れ欠損金の損金算入

解散時における清算所得課税の廃止と、通常の所得課税へ移行に伴い、新たに期限切れ欠損金の損金算入制度が導入されました。すなわち、法人が解散した場合において、残余財産がないと見込まれるときは、その清算中に終了する事業年度前の各事業年度において生じた欠損金額（期限切れ欠損金額）に相当する金額は、青色欠損金等の控除後の所得の金額を限度として、その事業年度の所得の金額の計算上、損金の額に算入されます（法法59③）。

ここでいう「期限切れ欠損金額」とは、以下の①の金額から②の金額を控除した金額をいいます（法令118）。

① 適用年度終了のときにおける前事業年度以前の事業年度から繰り越された欠損金額の合計額
② 法人税法第57条第1項または第58条第1項の規定により適用年度の

所得の金額の計算上損金の額に算入される欠損金額（いわゆる青色欠損金額または災害損失欠損金額）

また、当該措置は残余財産がないと見込まれる場合に適用することができますが、残余財産がないかどうかの判定は、清算中の各事業年度の終了のときの現況により行うこととなり（法基通12－3－7）、債務超過の状態にあるときは、「残余財産がないと見込まれる場合」に該当します（法基通12－3－8）。

4　欠損金の繰戻還付

解散（適格合併による場合は除く）の事実が生じた場合で、解散の事実が生じた日前1年以内に終了した事業年度または解散等の事実が生じた日の属する事業年度（欠損事業年度）において生じた欠損金額は、その事業年度開始の日前1年以内に開始した事業年度（還付所得事業年度）に繰戻して法人税の還付を請求することができます（欠損金の繰戻還付制度、法法80①④、措法66の13①）。

この場合、以下の2要件を満たす必要があります（法法80④）。

① 　還付請求書の提出は、解散等の事実が生じた日から1年以内に行う必要がある

② 　還付所得事業年度から欠損事業年度までの各事業年度については、連続して青色申告書を提出している必要がある

また、還付金額は以下のとおり計算します。

$$還付金額 ＝ 還付所得事業年度の法人税額 \times \frac{欠損事業年度の欠損金額}{還付所得事業年度の所得金額}$$

Q3-8 医療法人の出資持分を変更する手続は？

　私は出資持分ありの社団医療法人の理事長を務めていますが、顧問税理士から事業承継の観点により出資持分につき「あり」から「なし」への変更を勧められています。この場合、具体的にどのような手続を経る必要があるのでしょうか、教えてください。

　医療法人の定款変更を行うとともに、社員全員が持分の放棄を行う必要があります。

解説

1　定款の変更

　医療法人の出資持分は財産的価値がある資産ですが、その価値の源泉は、①退社時における持分払戻請求権と、②解散時における残余財産分配権であるといえます。

　医療法人は医療法上、剰余金の分配が認められていませんので、経営状況が良好な法人の場合、設立後時間が経過するにつれ剰余金が蓄積していくこととなります。そのため、出資持分の価値が上昇し、その相続税評価額が数億円から数十億円に上ることもめずらしくありません。そのような観点から、質問者の顧問税理士が「持分あり」（経過措置型医療法人）から「持分なし」への移行・転換を勧めたとすれば、十分根拠のあるものだと考えられます。

　医療法上、医療法人の出資持分につき「あり」から「なし」への変更手

続は、出資持分ありの医療法人をいったん解散し、その後持分なしの医療法人を新設するといった煩瑣な手続を経ることなく、定款の変更により行われます。すなわち、社団である医療法人で持分の定めのあるものは、定款を変更して、社団である医療法人で持分の定めのないものに移行することができるわけです（医療法施行規則30の39①）。

　具体的には、監督官庁である都道府県知事（複数の都道府県にまたがって病院等を開設する場合には、厚生労働大臣）に対して、定款の変更認可申請を行います（その前に仮申請により事前審査を受けるケースもあります）。その際、定款のうち、社員退社時の「出資額に応じて払戻しを請求する」旨および解散時の「払込済出資額に応じて分配する」旨の規定を削除し、解散の際の残余財産の帰属先に関する規定について、厚生労働省の社団医療法人のモデル定款第34条（**Q3－64**参照）のとおり変更する旨を申請することとなります。

2　出資持分の放棄

　「持分あり」（経過措置型医療法人）から「持分なし」へ移行するということは、医療法人から出資者が消滅するということを意味します。これは、「持分あり」（経過措置型医療法人）の出資者が、全員一致で、自らの出資持分を放棄することにより実現します。

　これに伴う課税上の問題は、**Q2－12～2－17**を参照してください。

Q3-9 医療法人の社員の退社手続は？

私は持分の定めのある医療法人の理事長として歯科診療所の経営に携わっていますが、子がおらず親族にも歯科医師がいないため、医療法人を大学の後輩に継いでもらおうと考えています。先日、先方と会合をもち承継の方法について話をしたところ、先方から「医療法人の退社・入社方式」によったらどうかという提案がありました。これは具体的にはどういうものなのでしょうか、また、その手続はどのようなものなのでしょうか、教えてください。

持分の定めのある医療法人の場合、親族以外の者への事業承継やM&Aに際して、売り手（承継元）である医療法人の社員（理事長）が退社して持分にかかる払戻を受け、買い手（承継先）である個人が新たにその医療法人の社員として入社する方法によることがあります。

解説

1 持分の定めのある医療法人のM&A

出資持分の定めのある医療法人のM&Aの場合、出資持分そのものの譲渡ではなく、社員の入退社により経営権を委譲するという方法を採ることもよくあります。これを図で示すと**図表3-11**のようになります。

出資持分の譲渡と上記入退社方式とでは、最終的な形（出資持分の売り手から買い手への移動）という意味では同じですが、課税上の取扱いに大きな差が生じます。この点は後述します（**Q3-11**参照）。

図表3-11　入退社方式によるM&A

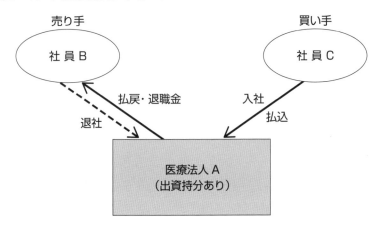

2　入退社方式の場合の手続

　出資持分の定めのある医療法人のM&Aに関し、入退社方式による場合の手続はおおむね以下のとおりとなります。

(1)　譲渡契約の締結

　出資持分そのものの譲渡ではありませんが、売り手から買い手へ医療法人の支配権が移動するという意味で、出資者・社員の入退社の前に医療法人の譲渡契約を締結します。

(2)　売り手の退社

　社員の退社は定款に従って行うこととなります。厚生労働省の持分の定めのある社団医療法人のモデル定款第8条によれば、やむを得ない理由のあるときは、社員はその旨を理事長に届け出て、その同意を得て退社することができる、とされています。

　退社の際、その社員には出資持分に応じた払戻が行われます（社団医療法人のモデル定款9）。

⑶ **買い手の入社**

　買い手が新たに医療法人の社員に就任（入社）するためには、社員総会の承認が必要となります（社団医療法人のモデル定款6①）。社員総会での上記承認は、出席社員の過半数が必要とされています（社団医療法人のモデル定款25②）。

⑷ **医療法人の役員の交代**

　売り手の退社する社員が医療法人の理事を退任する一方で、買い手の入社する社員が新たに理事に就任し、役員が交代します。理事を退任する社員に対しては、医療法人の内部規定に基づき、その就任期間に応じた役員退職金の支払いが行われます。

　なお、役員の変更については、その変更届を作成し、新たに就任した役員の就任承諾書および履歴書を添付して、遅滞なく都道府県知事（または厚生労働大臣）に提出する必要があります（医療法施行令5の13）。

Q3-10 医療法人の出資持分の譲渡の場合の手続は？

出資持分のある医療法人のM&Aの方法としては、前問の入退社方式以外にも、出資持分そのものの譲渡による方法もあるようですが、その具体的な手続はどうなっているのでしょうか、教えてください。

医療法上特に定めがありませんが、実務上、医療法人の出資持分の譲渡はごく一般的に行われており、判例上もそれが追認されています。ただし、判例の趣旨をふまえると、買い手は譲渡の実行前にあらかじめ医療法人の社員として入社しておくことが望ましいといえます。

解説

1　持分譲渡と医療法

営利企業のM&Aにおいては、株式の譲渡により支配権を移転するのが通常であることから、医療法人のM&Aにおいても同様に、出資持分を譲渡する方法によることを想定するのはごく自然なことかと思われます。しかしながら医療法は、非営利を建前とする医療法人の支配権を移転させるために、出資持分の譲渡という手段が利用されることを特に想定していないようで、それに関する規定は存在しません。

実務上は、医療法人の出資持分の譲渡がごく一般的に行われており、また、それを追認する判例もあります（浦和地裁昭和57年6月28日判決・判タ477号202頁）。すなわち、裁判所は、社団法人である医療法人の社員が、出資に基づき法人に対して有する権利である出資持分を他人に譲渡するこ

とは、医療法人の存立運営を害するものではなく、法人の定款に反しない限り許容されると判示しました。

また最高裁は（須藤正彦裁判官の）補足意見として、「しかして、社団医療法人中持分の定めのある社団医療法人においては、一般に、その出資持分は、一身専属的なものではなく、法令上又は定款上で一定の制限下にあるものの譲渡や相続が可能であるから、そこで出資持分の全部を一括して譲渡するという方法によりこの社団医療法人（の事業）そのものを譲渡することが可能であり、かつ実務上もそのようになされている。その際の譲渡の対価は、当然のことながら当該社団医療法人の企業価値（事業価値）による。」としています（最高裁平成22年7月16日判決・判時2097号28頁）。

したがって、持分ありの医療法人の出資持分の譲渡は、定款に反する規定がない限り、問題なく行うことができるものと考えられます。

図表3－12　出資持分の譲渡によるM&A

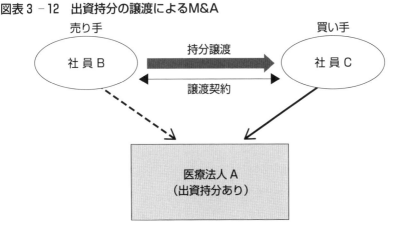

2　出資持分の譲渡と社員としての地位

ところで、上記浦和地裁の事案は、社員間の出資持分の譲渡の事案であ

り、「新社員の加入を招来する社員以外への出資持分の譲渡が当然に許されるか否かはともかくとして」とあるように、医療法人の社員でない者（入社前の者）に持分を譲渡できるのかについては必ずしも明確ではありません。そこで、判例の趣旨をふまえると、買い手は譲渡の実行前にあらかじめ医療法人の社員として入社しておくことが望ましいといえます。

Q3-11 医療法人の出資持分を譲渡した場合における税務上の取扱いは？

医療法人の出資持分を譲渡した場合、課税関係はどうなるのでしょうか。また、出資者が個人の場合と法人の場合とで異なるのでしょうか、教えてください。

出資者が個人である場合、その出資持分を譲渡すると、株式等に係る譲渡所得として所得税が課されます。一方、出資者が法人である場合には、譲渡対価と出資持分の簿価との差額を譲渡損益として認識することとなります。

解説

1　出資者が個人の場合

　医療法人の出資者の大半は個人であると考えられますが、個人が医療法人の出資持分を譲渡した場合、譲渡所得（所法33）の課税問題が生じます。医療法人（経過措置型医療法人）の出資持分は所得税法上、有価証券として取り扱われます（所法2①十七、所令4三）。
　有価証券の譲渡は譲渡所得ですが、有価証券のうち株式等に係る譲渡所得は、申告分離課税となります（措法37の10①）。ここでいう「株式等」には、医療法人の出資持分のような特別の法律により設立された法人の出資持分が含まれます（措法37の10②二）。
　医療法人の出資持分の譲渡に係る譲渡所得は、以下の算式により計算されます（所法33③、措法37の10⑥三）。

> 譲渡所得 ＝ 譲渡対価 －（取得費 ＋ 譲渡に要した費用）

　上記で計算された譲渡所得に適用される分離課税の税率は、所得税15％（復興特別所得税込みで15.315％）、住民税 5 ％の合計20％（復興特別所得税込みで20.315％）です（措法37の10①、地法附則35の 2 ）。なお、出資持分の譲渡について譲渡益が生じた場合、他の株式等の譲渡損失との間で損益通算をすることができます（措法37の10①、⑥四、措令25の 8 ①）。

2　出資者が法人の場合

　株式会社等の営利法人は医療法人の社員となることはできませんが、出資することはできます（平成 3 年 1 月17日付指第 1 号東京弁護士会会長あて厚生省健康政策局指導課長回答参照）。そのため、医療法人の出資者の中に法人が含まれることもあるというわけです。

　出資者が法人の場合で、当該出資者が医療法人の出資持分を譲渡した場合には、譲渡対価と出資持分の帳簿価額との差額について譲渡損益を認識します。

第2節 医療法人の M&A 実務の実際

-12 医療法人のM&Aにおいてアドバイザーは必要か？

　私は産婦人科を標榜する診療所を傘下にもつ医療法人の理事長です。残念ながら子宝に恵まれず、後継者もいないため、外部に経営を委ねようと考えています。このような事業承継のパターンは医療法人のM&Aというとのことですが、マスコミで話題になるような大型のM&A案件においては、外資系の投資銀行やコンサルティング会社がM&Aアドバイザーとしてその仲介等を行うのだと聞いています。私のようなケースの場合も、アドバイザーに依頼した方がよいのでしょうか、教えてください。

　まだ承継先が決まっていない場合には、自力で相手を探すのは困難な場合が多いため、医療機関の事情に詳しいM&Aアドバイザーに依頼する必要があるでしょう。また、承継先が決まっている場合においても、企業価値評価や法務、税務上の検討が必要ですので、各種専門家を統括できるような信頼できるM&Aアドバイザーに依頼する方がよいケースが少なくないものと考えられます。

解説

1 医療法人の経営統合とM&A

　医療法人においても、経営環境の悪化に伴う経営不振、規模の経済の追求、後継者問題といった理由により、経営統合の動きが加速しています。医療法人の経営統合プロセスを図式化すると、**図表3－13**のようになります。

　このような経営統合において利用されるのが、M&Aの手法です。

2 M&Aアドバイザーの役割

　質問者も指摘するとおり、上場企業が行う大規模なM&A案件においては、外資系の投資銀行やコンサルティング会社がM&Aアドバイザーとして買収元および買収先双方に（別々の会社が）関与し、その仲介等を行うが一般的です。それでは、非営利が原則である医療法人の事業承継に関するM&Aの場合はどうでしょうか。

　まず、まだ承継先が決まっていない場合には、理事長個人が自力で相手を探すのは困難であることが多いため、医療機関の事情に詳しいM&Aアドバイザーに依頼する必要があるものと考えられます。また、未知の医療法人のM&Aには様々なリスクが伴いますので、それを明らかにするため、デューディリジェンス（Due diligence, DD）を行うのが一般的ですが、それは専門家でないと実施できないため、M&Aアドバイザーを通じて依頼することとなるでしょう（デューディリジェンスについては、**Q3－13**参照）。

　また、すでに承継先が決まっている場合においても、譲渡価格をどの程度の水準にするのかというときに必要な企業価値評価や、医療訴訟等の法的リスクの評価、事業承継に伴う税務上の検討が必要となりますので、そのような問題への対処について専門家に依頼するとともに、そのような専門家を統括できるような信頼できるM&Aアドバイザーがいると何かと安

第2節 医療法人のM&A実務の実際

図表3-13 医療法人の経営統合プロセス

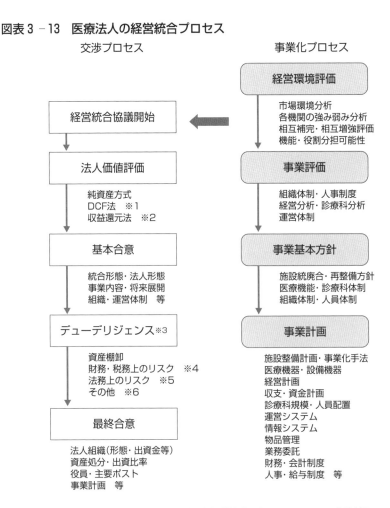

※1：Discounted Cash Flow法の略。事業が将来生み出すキャッシュフローを現在価値に割り引いて事業の価値を算定する方法
※2：不動産から将来得られるべき価値を現在価値に割り引いて不動産の価値を算定する方法
※3：組織や事業活動面、財務面、法務面（契約や係争）の実態と問題点を把握するための調査
※4：売掛金回収可能性、不良在庫、退職給付債務、債務保証等のリスク
※5：職員・患者等との訴訟（可能性）等のリスク
※6：土壌汚染等のリスク

（出典） 厚生労働省医政局委託事業「近年行われた病院の合併・再編成等に係る調査研究」報告書（平成24年3月）17頁

心ですので、M&Aアドバイザーを利用する方がよいケースが少なくないものと考えられます。

　特に、医師の多くはお金の話は「はしたない」という意識が強く、医師同士が直接交渉する場合、譲渡価格がなかなか決められなかったり、相場観のない感情的なやりとりとなったりしがちです。そのため、第三者の客観的な企業（病院）価値評価が重要な役割を果たすことになります。

Q3-13 医療法人のM&Aに際し行うデューディリジェンスとは？

私が経営する医療法人について、適当な後継者が見つからないため、現在別の医療法人に譲渡すべく相手を探しているところです。その業務をあるコンサルタントに依頼していますが、そのコンサルタントによれば、「M&Aにはリスクが伴うので、必ずデューディリジェンスを行うべきだ」とのことです。ところで、このデューディリジェンスとはどういうものなのでしょうか、教えてください。

医療法人に限らずM&Aにおいては、譲渡される法人の企業価値の算定が最も重要な項目となりますが、その算定にあたっては、買い手法人が可能な限り売り手法人の情報を入手し、その事業上のリスクを理解することが必要ですので、その情報を得るために行われるのがデューディリジェンスであるといえます。

解説

1 デューディリジェンスとは

デューディリジェンス（Due diligence, DD）とは、企業等のM&Aにおいて、譲渡される法人の企業価値の適正な算定等のため、買い手法人が可能な限り売り手法人の情報を入手する目的で行う「調査」をいいます。

図表3‐14 デューディリジェンスの概念図

　通常の商品と異なり、法人はその仕組みがきわめて複雑であり、外部からはその中身や内容、実態がどうなっているのかうかがい知ることが困難である場合が多いといえます（経済学でいう「情報の非対称性」）。そのため、買い手である法人が売り手の（必ずしも実態に即したものとはいえない）説明のみでその買収の是非および価格を決定すると、買収後買い手側の「こんなはずではなかった」という不満から大きなトラブルに発展することも考えられます。そのため、企業等のM&Aにおいて、買収前に一定の手続を経て、買い手法人が売り手法人の実情を多角的に調査し、それに基づき買収の是非および（買収する場合には）価格を決定するプロセスをたどるのが一般的ですが、ここでなされる調査がデューディリジェンスとなります。

2　デューディリジェンスの内容

　M&Aにおけるデューディリジェンスの内容は、おおむね**図表3‐15**のとおりとなります。なお、図表の項目はすべて行う必要はなく、買い手が特に重視する項目をベースに取捨選択することとなります。

図表3－15　デューディリジェンスの種類と内容

種類	担い手	内　容
財務	公認会計士、監査法人	資産・負債の調査、収益力の調査、財務諸表の妥当性、経理体制の妥当性等
法務	弁護士、法律事務所	法令遵守の状況、係争案件（医療過誤等）の有無やその内容の調査等
事業	コンサルティング会社	マーケットや事業環境の状況、経営組織の状況、事業計画の妥当性等
税務	税理士、税理士法人	過年度税務申告書の妥当性、法人買収に係る課税リスクの検討等
不動産	不動産鑑定士、不動産会社	不動産価格の評価、建物のメンテナンスや修繕計画の調査、不動産の権利関係の調査等
人事	人事コンサルタント、社会保険労務士	福利厚生、労使関係、退職給付債務、給与体系の調査等
環境	環境コンサルタント	土壌汚染、アスベスト、医療関係産業廃棄物処理の調査等

Q3-14 医療法人のM&Aに際し行うデューディリジェンスの方法は？

Q3-13で医療法人のM&Aに関し、デューディリジェンスを実施することの重要性について理解できました。それでは、実際にM&Aを行うにあたって、Q3-13で挙げられていたデューディリジェンスの種類のうち何をすべきであるのか、その判断基準として、まずは各項目において何をするのか知ることが重要ではないかと考えています。そこで、医療法人のM&Aにおいて、デューディリジェンスの手順と、各項目は具体的にどのようなことを行うのか教えてください。

デューディリジェンスの手順は、一般に、秘密保持契約の締結から始まりクロージングまでの流れとなりますが、医療法人のM&Aの場合、その実施期間はおおむね1～3か月と他の業種よりも比較的短期間であるのがその特徴であるといえます。

解説

1 M&Aの手順とデューディリジェンス

デューディリジェンス(DD)の手順は、秘密保持契約の締結から始まりクロージングまでの流れとなりますが、医療法人のM&Aの場合、その実施期間はおおむね1～3か月というのが一般的で他の業種よりも比較的短期間であるのがその特徴です。なお、M&Aの手順とその過程におけるデューディリジェンスの位置は、おおむね**図表3-16**のとおりとなります。

図表 3−16　M&Aの手順

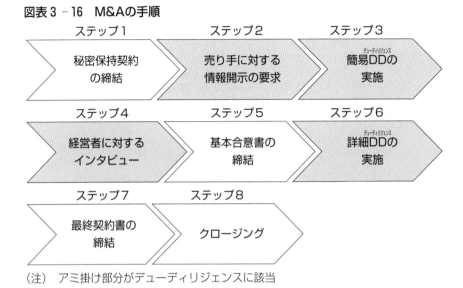

（注）　アミ掛け部分がデューディリジェンスに該当

2　医療法人に対するデューディリジェンス

　医療法人に対するデューディリジェンスは、おおむね以下の点に着目して行われることとなります。

(1)　全般的・基礎的な情報の収集

① 医療法人の形態（持分のあるなし、社会医療法人、特定医療法人その他）
② 保有施設の内容（病院、診療所、健診センター、老健施設等）
③ 診療科目（病院の機能に直結する）
④ 病床数（事業規模の理解）
⑤ 主たる医療機器（CT、MRI等）
⑥ 基礎的財務指標
　ア．医業収益
　イ．病床稼働率
　ウ．平均在院日数

エ．入院患者数と入院単価
　　オ．外来患者数と外来単価
(2) **財務デューディリジェンス**
　① 売掛金（医業未収金）
　　計上時期と基準、回収サイトの妥当性、長期滞留債権と回収可能性
　② 貸付金
　　契約書の有無と条件（相手方）、返済状況、担保の設定
　③ 仮払金
　　内容の妥当性、計上期間
　④ 棚卸資産（医薬品、医療材料等）
　　棚卸表の精査、期限切れや陳腐化の確認
　⑤ 有形固定資産
　　資産の実在性、減価償却の状況、活用状況、減損処理の可能性、補助金に係る経理処理の妥当性（圧縮記帳等）
　⑥ 買掛金
　　計上基準、支払いサイトの妥当性、支払い繰延べの状況
　⑦ 退職給付債務
　　退職金規程の有無、過去の支払い状況、外部運用の状況
　⑧ 借入金
　　契約書および残高証明書の確認、融資元である銀行側の資料との整合性
　⑨ 医業収益（売上高）
　　レセプトの確認、月次分析、単価、診療科別分析等
　⑩ 医業費用（売上原価）
　　医薬品費、医療材料費、食材費の水準の妥当性
　⑪ 人件費
　　人件費比率、職位別人件費水準の妥当性

⑫　家賃およびリース料

相場との比較、契約条件の確認、リースに係る簿外債務の有無

⑬　業務委託費および外注費

委託先の確認、相場との比較

⑭　その他

医療法人の役員や親族との取引の有無、妥当性の検証

(3) 税務デューディリジェンス

①　売上項目

期ずれの有無、窓口負担分の計上の適正性の確認

②　売上原価

棚卸資産が適正に管理されているかの確認、資産計上すべき費用項目の確認

③　人件費

源泉徴収の適正性の確認、過大役員給与・役員退職慰労金の有無の確認

④　交際費

役員の個人的支出の有無の確認

⑤　減価償却費

医療機器等の特別償却を適用している場合その適正性の確認、事業供用日の確認、除却処理の確認、少額減価償却資産の該当性の確認

⑥　修繕費

資本的支出に該当する項目がないか確認

⑦　MS法人との取引

MS法人との取引がある場合、取引価格の妥当性の確認

⑧　消費税

各種届出書の確認、課非判定の確認、個別対応方式採用の場合における用途区分の適正性の確認

⑨　その他

　　過年度の税務調査での指摘内容の確認、繰越欠損金の使用状況の確認

3　秘密保持契約

　M&Aの実施時においては、その入り口において秘密保持契約を締結することが必須となります。参考までに**図表 3 - 17**のとおり秘密保持契約書（Non-disclosure agreement, NDA）の一例を掲げておきます。

図表 3 - 17　秘密保持契約書の例

秘密保持契約書

　医療法人社団渋谷会（以下「甲」とする。）と医療法人社団杉並会（以下「乙」とする。）は、甲が運営している笹塚クリニック（住所：東京都渋谷区笹塚 4 - 1 - X。以下「本件診療所」という。）の医療に関する事業（以下「本件事業」という。）に係る甲所有資産の乙に対する譲渡を目的（以下「本件目的」という。）として、秘密情報の取扱いに関し以下の通り契約（以下「本契約」とする。）を締結した。

第 1 条（定義）

　本契約において使用する秘密情報とは、媒体の形式を問わず、秘密情報と明示して開示される情報をいう。ただし、以下の各号に該当する場合にはその限りではない。

（1）　相手方から開示を受ける前に既に保有し、または第三者から秘密保持の義務を負うことなく入手していたもの

（2）　相手方から開示を受ける前に既に公知または公用となっているもの

（3）　相手方から開示を受けた後に当事者の責によらず公知となったもの

（4）　相手方から開示を受けた後に、正当な権限を有する第三者から、秘密保持の義務を負うことなく入手したもの

（5）　書面により相手方から事前の承諾を得たもの

第 2 条（目的外使用の禁止）

　甲及び乙は、本件目的以外に秘密情報を使用してはならない。

第 3 条（秘密保持義務）

甲及び乙は、秘密情報について、厳に秘密を保持するものとし、書面による相手の承諾なくして、第三者に漏洩しないものとする。
2　甲及び乙は、相手方の同意がない限り、自己の役員・従業員（以下「従業員等」という。）及び弁護士、公認会計士、税理士等以外に秘密情報を開示、漏洩、複製、要約及び頒布してはならない。また、甲及び乙は、その双方の責任により従業員等及び弁護士、公認会計士、税理士等に対して、本契約と同じ秘密保持義務を課さなければならない。

第4条（秘密事項の管理及び義務）
　　甲及び乙は、本秘密情報の管理について、取扱い責任者を定め厳重に管理する。

第5条（複製の制限）
　　甲及び乙は、本件目的の範囲を超える目的のために秘密情報の一部又は全部を複製してはならない。

第6条（秘密情報の瑕疵担保責任）
　　甲及び乙は相手方に対し、秘密情報に瑕疵があった場合でも、瑕疵担保責任を含む一切の責任を負わないものとし、それらについて一切の明示又は黙示の保証をしないものとする。

第7条（秘密情報の返却）
　　情報受領者は、本契約が終了した場合又は開示者から要求を受けた場合は受領した情報媒体又は物品等を直ちに返却し、又は開示者の指示に従い廃棄するものとする。

第8条（損害賠償等）
　　甲又は乙は、自己の責めに帰すべき事由により本秘密情報を漏洩した場合には、相手方に対する損害賠償責任を負い、本秘密情報を記載した書類の回収等の適切な処置を講ずるとともに、本秘密情報の漏洩を最小限にとどめるよう善後措置に最善を尽くすものとする。

第9条（契約期間）
　　本契約の有効期限は、契約締結の日から1年間とする。ただし、甲乙合意の上、延長できるものとする。
2　前項の規定にかかわらず、第3条及び第8条の規定は、本契約の終了の日から5年間有効に存続するものとする。

第10条（合意管轄）

　本契約に関する紛争については、東京地方裁判所を第一審の管轄裁判所とする。

第11条（協議）

　本契約に定めのない事項及び本契約の条項に関し疑義を生じた場合は、甲乙協議の上、その解決にあたるものとする。

本契約締結の証として、契約書正本2通を作成し、甲乙各1通を保有する。

平成27年4月X日

　　　　　　　　　　　　　　　甲　東京都渋谷区笹塚1－2－X
　　　　　　　　　　　　　　　　　医療法人社団渋谷会
　　　　　　　　　　　　　　　　　理事長　鈴木　一郎　印
　　　　　　　　　　　　　　　乙　東京都杉並区和泉2－3－X
　　　　　　　　　　　　　　　　　医療法人社団杉並会
　　　　　　　　　　　　　　　　　理事長　斎藤　太郎　印

第2節　医療法人のM&A実務の実際

Q3-15 医療法人の出資持分を譲渡する際、その資金はどのように調達すべきか？

　私は中部地方で医療法人を経営する医師ですが、このたび取引銀行から都内の医療法人を買収しないかというオファーがありました。東京進出はかねてから考えていた話であったため、引き受けようと考えていますが、売り手である医療法人の理事長が役員から退任するため、出資持分の対価のみならず役員退職金も支払う必要があるようです。そうなると、今の手持ち資金のみでは不足することになりそうですが、不足資金の調達方法について教えてください。

　出資持分の買収に係る不足資金の調達方法としては、買い手である個人が金融機関から融資を受ける方法と、買収医療法人が融資を受ける方法、買い手の経営する医療法人の関連会社であるMS法人が資金調達する方法等があります。

解説

1　医療法人の買収に係る必要資金

　医療法人の買収を出資持分の譲渡により行う場合、買収側は、出資持分の譲渡対価のみならず、当該出資持分を保有していた社員（理事長）の役員退任に伴う役員退職慰労金を支払うため、資金調達する必要が出てきます。これを示したのが**図表3－18**です。

2 出資持分の譲渡に関する資金調達

図表3-18 出資持分の譲渡による医療法人の買収

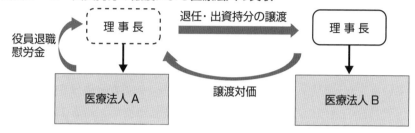

出資持分を個人である理事長が買い取る場合と、関連するMS法人が買い取る場合とで異なります。

(1) 理事長が買い取る場合

個人である理事長が買い取る場合、当然のことながら形式的には理事長個人が資金調達する必要があります。しかし、出資持分の時価が高額である場合、個人でその金額を用意することは困難と考えられますので、代替的に、MS法人が調達し、そこからの貸付によりまかなうという方法が考えられます。

なお、当該貸付金の返済については、医療法人の業務拡大に伴う理事長に対する役員報酬の増額により、それに充てることが考えられます。

(2) MS法人が買い取る場合

買収後の医療法人と関連するMS法人が買い取る場合ですが、まず、営利法人であるMS法人が医療法人の出資持分を買い取る、すなわちMS法人が医療法人の出資者となれるか否かを確認する必要があります。これについては、平成3年1月17日付指第1号東京弁護士会会長あて厚生省健康政策局指導課長回答において、株式会社が「出資又は寄附によって医療法人に財産を提供する行為は可能であるが、それに伴っての社員としての社員総会における議決権を取得することや役員として医療法人の経営に参画す

ることはできない」とされていることから、MS法人が医療法人の出資持分を買い取ることは可能と解されます。

次に、MS法人が出資持分を買い取る場合の資金調達ですが、MS法人自身が資金調達を行う必要があります。MS法人の資金調達能力はその企業規模や業務内容により異なりますが、医療法人の業務拡大に伴い、MS法人の業務、中でも医療法人からのアウトソーシング業務の拡大が可能となることから、その資金調達能力が高まることが想定されます。

3 役員退職金に関する資金調達

被買収医療法人において、その理事長退任に伴う退職金の支払い原資が十分でない場合、医療法人が外部から資金調達を行う必要があります。その際よく行われる方策が、買収医療法人の理事長個人が被買収医療法人に対して資金を貸しつけ、被買収医療法人はその後の診療活動により稼得した利益から当該借入金を返済していくというものです。

このとき留意すべきは、被買収医療法人の理事長が退任し、買収医療法人の理事長が被買収医療法人の理事長を兼務することとなる場合、契約当事者が同一となるため特別代理人の申請が必要となるということです。それを回避するためには、被買収医療法人の理事長が退任する前に当該資金に係る金銭消費貸借契約を締結することが望ましいといえるでしょう。

Q3-16 医療法人の買収価格の算定はどのように行うのか？

　私は持分の定めのある医療法人の理事長として整形外科を標榜する病院の経営に携わっていますが、さらなる事業の拡大のため、最近取引銀行から持ち込まれたある医療法人の買収を検討しているところです。基本的に買収の線で話をまとめようと考えていますが、問題はその買収価格です。医療法人は株式を公開しているわけではないため外部からは時価がわかりかねますが、その価格の算定はどのように行うのが妥当なのでしょうか、教えてください。

　医療法人のM&Aの場合も他の営利法人の場合と同様に、第三者間の取引ですので、当事者が合意した金額が買収価格となるのが原則です。ただし、その金額は通常第三者がファイナンスの理論等に基づいて算定した金額がベースになります。

解説

1　M&Aにおける買収価格の原則

　経済学の原則では、価格は売り手と買い手との折り合いがついたところで決定されます。第三者間のM&Aにおいても同じで、その買収価格は売り手と買い手とが合意した金額ということになります。これは、営利企業のM&Aのみならず医療法人のM&Aにおいても同様です。

2　第三者による価格の算定

ただし、そうはいっても、売り手と買い手両者が交渉するにあたり目安となる金額が必要となります。その金額は交渉の当事者ではなく、第三者である専門家、具体的には証券会社やコンサルティング会社、公認会計士等が算定するのが一般的です。
　その算定方法は実務上、おおむね以下の方法によることになります。

(1)　**純資産価額法**

　M&Aにおける買収価格の算定方法として最も簡単かつ確実な方法として利用されるのが純資産価額法です。純資産価額法とは、買収企業（医療法人）の価格をその貸借対照表上の純資産価額をベースに算定する方法です。ここでいう純資産価額とは、①貸借対照表上の帳簿価額をそのまま用いる「簿価純資産価額」の場合と、②時価が判明する資産・負債について評価替え後の価額を用いる「時価純資産価額」の場合とがあります。

(2)　**配当還元方式**

　配当還元方式とは、評価対象となる企業等の株主や出資者が企業等から受ける果実たる配当に着目して評価額を算定する方法です。後述する(3)のDCF法は企業等の利益全体を果実とみるのに対し、この方法は株主や出資者の受ける配当金のみを果実としてみる点が大きく異なります。
　この方法により算定された評価額は、経営に参画できない少数株主としての株価算定には適していると考えられる反面、支配株主としての価値を評価する方法としては適していないと考えられます。また、医療法人のように剰余金の分配が禁止されている経営形態の評価方法としても、一般に適切ではないと考えられます。

(3)　**DCF（Discounted Cash Flow）法**

　DCF（ディスカウンティッド・キャッシュフロー）法とは、ファイナンスの理論に基づき、評価対象となる企業等が将来稼得するであろうキャッシュフローを一定の割引率によって現在価値に引き直した金額の総和を評価額とする算定方法です。

上記(1)の方法の場合、①・②いずれであっても貸借対照表に表れた純資産価額が評価のベースとなるため、特に創業後間もない法人の評価額が低く算定される傾向にあります。一方、DCF法の場合、評価対象となる企業等が将来稼得すると想定されるキャッシュフローが評価のベースとなるため、創業後間もない法人の将来性を加味した評価が可能となることから、M&Aにおける買収価格の算定方法として最近よく利用されるようになっています。

ただし、「将来稼得すると想定されるキャッシュフロー」はあくまで法人が作成する事業計画に基づく予想値に過ぎず、実績値よりも高い数値となる傾向があることや、割引率の設定により評価額が大きく左右される余地がある点等を勘案すると、上記(1)の方法と比較すると一般にその数値の確実性を慎重に吟味すべきであるといえます。

(4) 比準方式

評価しようとする株式や出資の発行会社と事業の種類が同一または類似する複数の上場会社等の株価の平均値とを比較（比準）して、その株式の価額を求めようとする方法です。

この方式が採用されるのは、一般に、評価対象会社が上場会社に匹敵する規模である場合、現実に流通市場において価格形成が行われている株式の価額に比準して評価することが合理的という考え方に基づいています。ただし、この方法も医療法人のように類似する会社に相当するものがないと考えられる経営形態の評価方法としては、一般に適切ではないと考えられます。

また、医療法人の評価に関し、国税庁が公表する株価に基づく類似業種比準方式による場合、類似標本会社として「その他の産業」（業種番号121）を用いることとなるため、実態から乖離した評価額となる傾向にあることにも留意する必要があるでしょう。

Q3-17 DCF法による医療法人の買収価格の算定はどのように行うのか？

Q3-16で医療法人の買収価格の算定方法にDCF法というものがあることを知りました。あまり聞いたことがないのですが、具体的にはどのように行うのでしょうか、教えてください。

　DCF法とは、法人が将来に生み出すキャッシュフローを一定の割引率により割り引いて現在価値を求め、その値に預貯金を加算し、さらに有利子負債を控除してその法人の価値（価格）とする手法をいいます。

解説

1　DCF法の基本的な考え方

　DCF法とは、基本的に、評価対象の法人が将来に生み出すキャッシュフローを一定の割引率により割り引いてその現在価値を求めることで企業価値を算定する方法です。これは貸借対照表の資産（借方項目）に着目した評価方法で、法人が調達した資金を事業に投資することにより生み出される将来キャッシュフローをベースに評価するものです。

2　DCF法における基本的な概念

　DCF法を理解するには、以下で示すようないくつかの概念を理解することが必要になります。

(1)　フリーキャッシュフロー

DCF法において用いられるキャッシュフローは「フリーキャッシュフロー」(Free Cash Flow, FCF)といわれます。フリーキャッシュフローとは、法人が事業（営業）活動から生み出したキャッシュフローから投資活動に充てられるキャッシュフローを控除したものをいい、法人が資金提供者（債権者および出資者）に自由に（Free）分配できるキャッシュフローであるためその名がついたとされています。

フリーキャッシュフローは一般に以下の算式により求められます。

$$FCF = \underbrace{税引前当期利益 \times (1 - 実効税率)}_{(注)} + 減価償却費 - 設備投資額 - 運転資本の増加額$$

（注） NOPAT（Net Operating Profit After Tax）とも称される。

フリーキャッシュフローを算定するときに必要となる各項目は、基本的に法人が作成する事業計画書から抽出されることになります。

(2) 資本コスト

M&Aに関する企業価値の評価においては、上記(1)において算出したフリーキャッシュフローをそのまま用いるのではなく、買収者が見込むべき（将来の）リスクを織り込むのが妥当とされます。DCF法においては、一般に、当該リスクを「資本コスト」という概念で表現することになります。

資本コストとは、投資家および債権者が資金提供先の法人に対して求める収益率（期待収益率）の最低限の水準値のことを指します。コーポレートファイナンスの世界では、資本コストは投資家（出資者）および債権者の要求する期待収益率の加重平均（加重平均資本コスト（WACC, Weighted Average Cost of Capital））であるととらえ、以下の算式により算出します。

$$資本コスト（WACC）= \frac{E}{E+D} \times r_e + \frac{D}{E+D} \times (1-t) \times r_d$$

（注） E：株主資本総額（時価）、D：有利子負債総額、r_e：株主資本コスト率、r_d：有利子負債コスト率、t：法人実効税率

上記のうち「株主資本コスト率」は、コーポレートファイナンスの基本的な理論である「資本資産評価モデル」(Capital Asset Pricing Model, CAPM)に基づき算定されます。具体的には、以下の算式により求めることとなります。

$$株主資本コスト率 = r_f + \beta \underbrace{(株式市場全体の期待収益率 - r_f)}_{市場リスクプレミアム}$$

(注) r_f：リスクフリーレート、β：ベータ値

リスクフリーレートとは、長期国債等リスクのないものに投資した場合の期待利回りをいいます。また、ベータ値とは、株式市場全体の変動に対して個々の企業の株価の変動がどの程度の水準であるかを示す値で、株式市場全体の変動と同じ変動水準である場合には1となります。

上記は基本的に上場企業を前提にした考え方であり、出資持分が公開されておらず、また、剰余金の分配が医療法上禁止されている医療法人についてはそのまま適用することは必ずしも適切とはいえません。そこで、医療法人の資本コスト（株主資本コスト率）の算定にあたっては、たとえば、ベータ値を便宜的に1.0（おおむねTOPIXの変動に相当）としたり、医療法人特有のリスクを上乗せするといった処理がなされることがあります。

【医療法人の株主資本コスト率の計算例】
- リスクフリーレート：0.5％
- 株式市場全体の期待収益率：3.5％
- ベータ値：1.0
- 医療法人特有のリスク：5.0％

   資本コスト（株主資本コスト率）＝0.5％＋（3.5％－0.5％）＋5.0％＝8.5％

【医療法人におけるWACCの計算例】
- 株主資本総額（時価）：600,000,000円

- 有利子負債総額：400,000,000円
- 株主資本コスト率：8.5％
- 有利子負債コスト率：1.2％
- 法人実効税率：35％

$$\text{WACC} = \frac{600,000,000円}{1,000,000,000円} \times 8.5\% + \frac{400,000,000円}{1,000,000,000円} \times 65\% \times 1.2\%$$
$$= 5.412\%$$

(3) 残存価値

買収先法人の企業価値算定に際しては、当該法人の事業計画（5～10年程度）を使用しますが、その計画の最終年度以降も法人が継続しますので、それ以降のキャッシュフローも企業価値に反映させる必要があります。最終年度以降のキャッシュフローの総和のことを残存価値（継続価値）といいます。残存価値は最終年度のFCFがそれ以降も継続するというシンプルな前提に基づき、以下の算式で計算します。

残存価値＝最終年度のFCF÷資本コスト（WACC）

【医療法人における残存価値の計算例】
- X1年度からX5年度までの医業利益：100,000,000円
- X6年度以降の医業利益：100,000,000円
- 法人税率：35％（一定）
- X1年度からX5年度までの減価償却費：36,000,000円
- X6年度以降の減価償却費：36,000,000円
- X6年度の設備投資予定額：50,000,000円
- X6年度の運転資金増減額：0円

- WACC：5.412%

 最終年度のFCF＝100,000,000円×（1－35%）＋36,000,000円－50,000,000円
 　　　　　　＝51,000,000円

 残存価値＝51,000,000円÷5.412%＝942,350,333円

3　医療法人におけるDCF評価事例

 上記 **2** の計算事例および以下の情報に基づき、医療法人におけるDCF法に基づく評価を行うと次のようになります。

- X0年度末における現預金残高：68,000,000円
- X0年度末における有利子負債残高：120,000,000円

 X1年度からX5年度までのFCF＝100,000,000円×（1－35%）＋36,000,000円
 　　　　　　　　　　　　　　　　＝101,000,000円

 割引率＝$\dfrac{1}{(1+\text{WACC})^x}$

【医療法人におけるDCF評価事例】

(単位：円[52])

	X1年度	X2年度	X3年度	X4年度	X5年度	X6年度以降
①FCF	101,000,000	101,000,000	101,000,000	101,000,000	101,000,000	942,350,333 （残存価値）
②割引率	0.9486	0.8999	0.8537	0.8099	0.7683	0.7683
③割引現在価値	95,814,518	90,895,266	86,228,576	81,801,480	77,601,677	724,039,269
上記③の合計						1,156,380,787

 DCF法とは、法人が将来に生み出すキャッシュフローを一定の割引率により割り引いて現在価値を求め、その値に預貯金を加算し、さらに有利

---

[52] ただし②を除く。

子負債を控除してその法人の価値(価格)とする手法をいいます。したがって、法人の価値は以下のとおりとなります。

> 法人(企業)価値＝1,156,380,787円＋68,000,000円－120,000,000円
> 　　　　　　　＝1,104,380,787円

第2節　医療法人のM&A実務の実際

-18　医療法人の事業譲渡に際し営業権を認識すべきか？

　私はある医療法人の理事長ですが、現在後継者のいない別の医療法人のうち、診療所部門のみを買収する話を検討しています。よい話なので基本的に受けようと考えていますが、買収価格の算定方法に疑問を持っています。すなわち、買収価格は診療所部門の資産を時価評価した金額がベースになると考えていますが、先方は長年地域医療を担ってきたことにより培ってきた信用を営業権として評価すべきであると主張しています。医療法人の事業譲渡に際し営業権を認識すべきなのでしょうか、教えてください。

　法人の事業譲渡の場合、一般に、買収対象部門の資産・負債の時価を買収価格が上回っている場合、当該差額を営業権として認識するという議論を行うことがありますが、医療法人の場合、長年培ってきた信用のようなものは前の経営者の手腕によるものと考えられ、医療法人自体に付着しているとは考えにくいため、営業権を認識するケースは少ないものと考えられます。

解説

1　営業権とは

　営業権とは、一般に、その企業や組織のいわゆる「超過収益力」を指し、「のれん」ともいいます。判例では営業権を、「企業の長年にわたる伝統と社会的信用、立地条件、特殊の製造技術及び特殊の取引関係の存在並びに

それらの独占性等を総合した、他の企業を上回る企業収益を稼得することができる無形の財産的価値を有する事実関係」であるとしています（最高裁昭和51年7月13日判決・判時831号29頁）。

法人税法上は、営業権は無形の減価償却資産（無形資産）に分類されます（法法2二十三、法令13八ヲ）。

2　営業権の認識

営業権を認識すべきケースとは、買収対象となる企業や組織の収益力が同業他社の平均的な収益力を上回っている場合、すなわち「超過収益力」が認識される場合であるといえます。

営業権は、M&A実務においては一般に、買収事業の公正な価値（時価、通常DCF法により評価する）から純資産価額（資産負債を時価評価したもの）を控除した金額であるとされます。一方、租税実務では財産評価基本通達の評価方法をベースに算定することがしばしば見られます。

財産評価基本通達によれば、営業権は以下の算式により計算します（評基通165）。

- 超過利益金額＝平均利益金額×0.5－標準企業者報酬額－総資産価額×0.05
- 営業権の価額＝超過利益金額×営業権の持続年数（原則10年）に応ずる基準年利率による複利年金現価率

ただし、医師のようにその者の技術や手腕等に起因する営業権で、その者の死亡と共に消滅するものは評価しないこととされています（評基通165注書）。

3　医療法人の営業権

医療法人に関していえば、このような超過収益力は、抽象的にはその医療法人がその地で長年培ってきた「信用」のようなものをいうと解されていますが、実際には手術実績や評判の高い医師の在籍等客観的に評価しう

るものから生じるものと考えられます。そのため、仮にそれが生じるとすれば、実質的には前の経営者の手腕によるものと考えられ、医療法人自体にそれが付着しているとは考えにくいため、医療法人の事業譲渡の場合、営業権を認識するケースは少ないものと考えられます。

　これは、上記**2**で触れた財産評価基本通達165の注書で、医師のようにその者の技術や手腕等に起因する営業権は、原則評価しないこととされている取扱いとも平仄が合っているものと考えられます。

-19 医療法人の合併比率はどのように決めるのか？

　最近厚生労働省が医療法人同士の合併について明確化したと聞きましたので、それに基づき私の経営する医療法人と別の医療法人とで合併の手続を行いたいと考えています。この場合、合併比率はどのように算定するのでしょうか、教えてください。

　合併比率は合併当事者の時価を基準に算定しますが、仮に時価から乖離した合併比率により合併した場合には、出資者が個人であるときにはみなし贈与課税の問題が生じる可能性があります。

解説

1　医療法人同士の合併

　医療法人同士の合併については、Q3-3で説明したとおり、医療法の規定に従い、社団間または財団間で行うことが可能です。また、医療法の改正により、平成26年10月から社団医療法人と財団医療法人との合併も可能となりました。

2　合併比率の算定

　合併比率とは一般に、被合併法人（消滅法人）の出資者が有していた出資1口に対して合併法人（存続法人）の出資を何口交付するのかを表す比率です。たとえば、被合併法人の出資2口に対して合併法人の出資が3口割りあてられる場合、合併比率は1：1.5となります。

第三者間の合併の場合、合併比率は合併当事者の合意により決定されますが、基本的には専門の第三者による評価に基づき、合併当事者の時価を基準に算定されます。第三者による評価方法には、たとえば以下のようなものがあります。
　①　時価純資産価額法（修正純資産法）
　②　DCF法
　③　類似会社比準法（EBITDA倍率法[53]）
　④　類似業種比準法（財産評価基本通達に基づく）

3　みなし贈与課税

　上記**2**に基づいてなされた合併当事者の評価額と乖離した、恣意的な合併比率により合併がなされた場合、出資者が個人であるときにはみなし贈与課税の問題が生じる可能性があります。**図表3－19**の事例に基づき検討してみましょう。

図表3－19　みなし贈与課税が生じる可能性がある合併

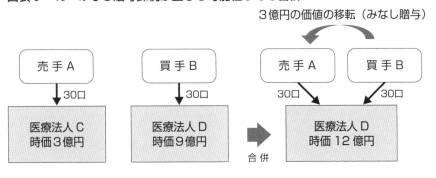

---

[53] 類似する上場企業の事業価値(時価総額＋有利子負債－非事業性資産)がEBITDA(Earnings Before Interest, Tax, Depreciation and Amortization。営業利益＋減価償却費)の何倍あるかをベースに企業価値を算定する方法で、キャッシュフローに基づくDCF法の簡略版として利用されることが多い。

上記の場合、時価に基づく合併比率は３：１（医療法人Cの出資持分３口に対して医療法人Dの出資持分１口を割り当てる）となるはずです。しかし、実際には１：１となっているため、売手Aの持分１口当たりの評価額は合併前の1,000万円（総額３億円）から合併後には2,000万円（総額６億円）と２倍になっています。すなわち、合併前後により買手から売手に３億円の価値の移転が生じたこととなり、これがみなし贈与課税の対象となることが考えられます（相法９）。

　したがって、みなし贈与課税のリスクを回避するためには、合併比率は合併当事者の時価を基準に算定することが必要であるといえます。

Q3-20 持分の定めのない医療法人のM&Aはどのように行うか？

　財団医療法人の場合、出資持分という概念がありませんが、M&Aはどのように行うのでしょうか、教えてください。

　出資持分という概念がない財団医療法人の場合、役員が交代し、退任した役員に対して退職金を支払うという方法でM&Aを行うのが一般的です。

解説

1 財団医療法人の意義

　財団医療法人は、金銭その他の財産の寄附行為により設立される医療法人の形態です。財団は設立者による財産の寄附（寄附行為）を基礎に、定款に示された設立者の意思を活動の準則とする法人形態で、財団医療法人はそのような法理念に沿って設立・運営されています[54]。ただし、実際の意思決定は評議員会（理事・監事を監督）または理事会（業務執行機関）でなされます。

　財団医療法人は社団医療法人のように社員がおらず、社員総会もないことから、少数で迅速な意思決定を行うのに適しているという見方もあります。ただし、これについては、たとえば業務執行の重要事項を評議員会の議決事項とするかどうか等、評議員会の理事会への関与の度合いにより変

---

[54] 四宮・能見前掲注10書85頁参照

わってくるものと考えられます。

2　財団医療法人のM&A手法

　財団医療法人には出資持分という概念がなく、社員も存在しません。そのため、持分ありの社団医療法人のように、出資持分の譲渡や社員の入退社方式によるM&Aの手法が使えないこととなります。

　そのため、財団医療法人の場合、売り手である医療法人の現経営メンバーである理事・理事長および評議員が退任し、買い手から選出される理事・理事長および評議員に交代するという方法でM&Aを行うこととなります。

図表3－20　財団医療法人のM&Aの手法

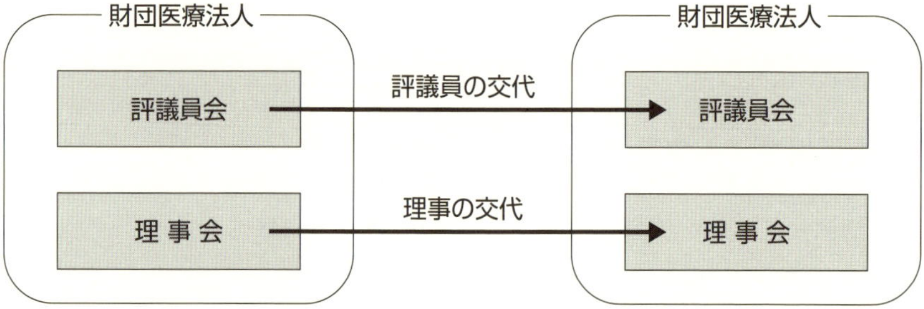

財団医療法人（評議員会・理事会）→ 評議員の交代／理事の交代 →財団医療法人（評議員会・理事会）

3　売り手に対する資金提供手段

　手続としては上記 **2** のとおりですが、これだけでは単に経営者が変更するだけで売り手には何ら資金が提供されず、医療法人を「売却」するメリットがないことから、円滑なM&Aに支障をきたしかねません。そのため、実務上は、役員退職金の支払い（その際分掌変更に伴う役員退職金の支払いの取扱い（法基通9－2－32）等に注意）や旧経営陣に顧問等の形で税務上問題にならない程度の報酬を支払う等、代替的な手段により資金提供（その原資は買い手の貸付等で、これが実質的な買収対価）を行うことがあります。

第 2 節　医療法人の M&A 実務の実際

Q3-21 MS法人が社団医療法人の出資持分を買収することは可能か？

　私は在宅診療・訪問看護に注力する医療法人に勤務する看護師ですが、最近私の勤務する医療法人が大手医療グループに買収されました。納得がいかないのは、医療法人が大手医療グループにおいて管理サービスを提供するMS法人に買収されたということです。医療法人は非営利なので営利法人であるMS法人の傘下に入るのはおかしいように思えるのですが、法的にはどのようになっているのでしょうか、教えてください。

　医療法人の出資持分を株式会社が買い取ることは法的には問題ありませんので、医療法人を株式会社であるMS法人が買収することも実際によくみられます。

解説

1　MS法人による医療法人の買収の可否

　MS法人のような株式会社形態の営利法人が医療法人を買収できるか否かは、MS法人が持分ありの社団医療法人へ財産を提供する出資者となれるかどうかにかかっています。これについては厚生省が平成3年に出した通知により、MS法人のような営利を目的とする商法（会社法）上の会社は、医療法人への出資により財産を提供する行為は可能ですが、社員として社員総会における議決権を行使したり、役員（理事等）として医療法人の経営に参画することはできないものと解されています（平成3年1月17日付

291

指第 1 号東京弁護士会会長あて厚生省健康政策局指導課長回答）。

したがって、医療法人の出資持分を営利法人である株式会社が買い取ることは法的には特に問題ありません。また、医療法人を株式会社であるMS法人が買収することも実際によくみられるところです。

なお、医療法人が他の医療法人の出資持分を買い取ることは、出資持分そのものが病院等の業務を行うのに必要な施設、設備または資金のいずれにも該当せず、医療法や医療法施行規則の規定に反するため、できないものと解されています（医療法41、医療法施行規則30の34）。

2　MS法人による買収の留意点

MS法人により医療法人を買収するケースは、一般に、買収側が医療法人の経営効率化に熱心な場合が多いものと考えられます。それ自体は悪いことではありませんが、買収される側において「非営利の医療」を営利法人であるMS法人が買収することにアレルギーを感じることはめずらしくなく、組織文化の違いを無視して強引に統合しようとすると、医療スタッフの大量の離職を招くことにもなりかねないため、注意を要します。

Q3-22 非営利型持株会社とは？

　最近地域包括ケアシステムの議論との関連で、地域の複数の医療法人を統括する非営利型持株会社制度を導入すべきという話を聞きます。これは一体どういうものなのでしょうか、教えてください。

　非営利型持株会社とは、複数の医療法人や社会福祉法人等を社員総会等を通じて統括し、一体的な経営を可能とする持株会社型の一般社団法人のことをいい、現在導入の検討が進められています。

解説

1　非営利型持株会社とは

　非営利型持株会社とは、複数の医療法人や社会福祉法人等を社員総会等を通じて統括し、その一体的な経営を可能とする持株会社型の一般社団法人（非営利ホールディングカンパニー型法人制度または地域医療連携推進法人制度（仮称））のことを指し、平成26年6月24日に閣議決定（「日本再興戦略」改訂2014）され、現在厚生労働省医政局の検討会で検討が進められています。非営利型持株会社は、アメリカの非営利地域医療介護福祉事業体（Integrated Healthcare Network, IHN）の日本版であると考えられています。

　非営利型持株会社の概念図は**図表3-21**のとおりです。

2　非営利型持株会社制度の論点

　非営利型持株会社制度は、地域内の医療・介護サービス提供者の機能分

図表 3 - 21　非営利型持株会社の概念図

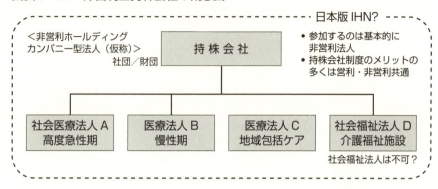

化や連携の推進により、医療・介護サービスの効率化・高度化を図り、「地域包括ケア」を実現するための中核的な存在となることが期待される一般社団法人制度です。これにより、医療資源（ヒト・モノ・カネ）を効率的に活用することでしっかりした医療提供体制を確保できることが期待されます。

一方で、以下のような論点を今後詰める必要があります。

① 持株会社傘下の、生い立ちの異なる法人の出資比率や議決権をいかに調整するのか。

② 民間の事業主体である医療法人中心のわが国において、自主的な持株会社への参加をいかに促していくのか。

③ 社会福祉法人等医療法人以外にも門戸を開くのか。

④ 営利法人（MS法人等）の資本参加に道を開くのではないか。

⑤ 原則として2次医療圏と考えられる地理的活動範囲をどこまで広げるのか（都道府県をまたがることを容認するのか）。

⑥ 比較的大規模な持株会社グループにつき、透明性確保の観点から会計士監査を義務づけるのか。

3 非営利型持株会社制度の実際

　非営利型持株会社制度を先取りする試みとして、地方では大学病院が中心となるのが現実的であるとして、岡山大学が地域の医療機関と共に、**図表3－22**のような「岡山大学メディカルセンター構想」を提示しています。今後の動きの参考となるといえるでしょう。

図表3－22　岡山大学メディカルセンター構想の概念図

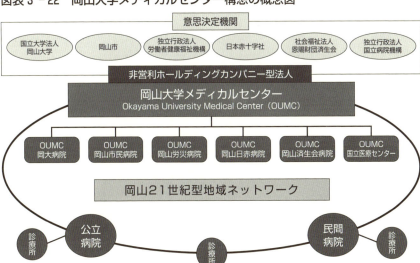

（出典）「岡山大学メディカルセンター構想」3頁

索　引

【英　字】

DCF法　275, 277
Lの割合　93
M&A　223
M&Aアドバイザー　258
MS法人　157, 291

【あ　行】

移行完了報告　69
移行計画　23
移行計画達成に対する援助　29
移行計画認定申請書　72
移行計画の認定　62
移行計画の認定制度　24
移行計画の変更認定　82
遺言代用信託　219
遺産分割協議書　134
１年当たり平均額法　172
一般住宅　122
医療機関債　194
医療法人　86
医療保健業　196
運営組織　151
営業権　283
覚書　13

【か　行】

解散事由　239
解散の登記　242
貸宅地　137
貸付事業用宅地等　133
加重平均資本コスト　278
過大役員退職給与　170
合併　228
合併手続　231

合併比率　286
株主資本コスト率　279
監事　89
間接金融　193
間接保有　180
企業グループ内の合併　235
基金　107
基金拠出型医療法人　106, 141
期限切れ欠損金額　245
基礎控除　111
期待収益率　278
救急医療等確保事業　191
救急医療等確保事業基準　201
教育資金　125
教育資金の一括贈与に係る贈与税の
　非課税措置　124
共同事業を行うための合併　235
業務執行機関　156
繰越欠損金　237
経営安定化資金　30
経営指導　31
経営統合　258
経過措置医療法人　23
経過措置型医療法人　6
経済的利益　35, 39
結婚・子育て資金の一括贈与に係る贈与税の
　非課税措置　127
欠損金の繰戻還付制度　246
限度面積　133
権利金　186
権利金の授受　135
公益法人等　190
功績倍率法　172
ゴーイング・コンサーン　226

索引

【さ 行】

最高功績倍率法　172
財産　104
財団医療法人　88, 289
財務デューディリジェンス　266
逆さ合併　237
残存価値　280
残存出資者　35
残余財産の帰属　241
残余財産の帰属先　4
残余財産分配請求権　108
事業譲渡　226
事業報告書等　27
事業用宅地等　132
事業用定期借地権　188
資金調達　271
資金の融通のあっせん　29
自己株式　203
自己資本比率要件　5
実施状況報告　66
私的に支配　151
資本コスト　278
資本資産評価モデル　279
社員　88
社会医療法人　189
社会医療法人債　193
社会的存在　153
借地権　186
借地借家法　187
社団医療法人　88
収益業務　192
収益事業　196
住宅取得資金の贈与　122
受贈益課税　144
受贈益の認定課税　135
出資持分の譲渡　253
出資持分の放棄　248
出資持分の放棄手続　78
種類株式　217
純資産価額法　275
純資産価額方式　92

省エネ・耐震対応住宅　122
小規模企業共済　181
小規模宅地等に係る評価減の特例　129
自用地　137
譲渡所得　256
情報の非対称性　262
剰余金の配当　178
新医療法人　23
申告分離課税　184
信託　218
清算所得課税　245
清算人　240
生前贈与　122
税務デューディリジェンス　267
税率構造　115
相続財産　104
相続時精算課税制度　41, 120, 209
相続税等負担の不当減少　58
相続税の税額控除　33
相続税の納税猶予　32
相続前3年以内の贈与財産　40
相当の地代　136, 186
贈与税に係る税額控除　35
贈与税の納税猶予　33
遡及課税　200
租税公平負担の原則　150
損金経理　169

【た 行】

第5次医療法改正　3
退社　9, 250
退職所得　179
退職所得控除　179
代替基金　108
担保の提供　32, 35
中小企業者　13
中小同族法人の事業承継　10
超過収益力　284
直接金融　194
直接保有　180
定款の変更　248
定款変更の申請　69

索引

適格合併　234
デューディリジェンス　258, 261
登記　233
同族要件　155
特定医療法人　13, 213
特定居住用宅地等　133
特定事業用宅地等　133
特定贈与者　42
特定同族会社事業用宅地等　131, 140
特別医療法人　147, 190
特別控除額　42
土地の無償返還に関する届出書　136
取引相場のない株式　92

【な　行】

2分の1課税　179
入社　251
入退社方式　249
認定移行計画　27
認定医療法人　20, 26
認定制度　25
認定取消し　199
のれん　283

【は　行】

買収価格　274
配当還元方式　275
ビークル　218
非営利型持株会社　293
非公開会社　220
比準方式　276
一人医師医療法人　57, 89
秘密保持契約　264
評価証明書　79
評議員　89
福祉医療機構　30
附随業務　87
不相当に高額　171
附帯業務　87
復興特別所得税　184
不当に減少する　145
フリーキャッシュフロー　278

分掌変更　176
分離課税　256
平均功績倍率法　172
併用方式　97
包括承継　238
放棄申出書　80
本来業務　87

【ま　行】

みなし寄附金　196
みなし事業年度　245
みなし譲渡　147
みなし相続財産　105, 181
みなし贈与課税　35, 287
みなし配当課税　144, 204
みなし役員　171
無償返還の届出　135, 187
メディカルサービス法人　157
免除　32
持分なし医療法人　60
持分払戻請求権　108

【や　行】

役員給与　167
役員退職慰労金　168
役員退職給与　169
約定劣後破産債権　108
有価証券　255
有期定期金　206
融資制度　30

【ら　行】

理事　89
リスクフリーレート　279
良質な住宅用家屋　210
類似業種比準価額方式　92
累進課税　114
暦年課税　41
暦年贈与　206
連年贈与　206

■著者紹介

安部 和彦（あんべ かずひこ）

　税理士。和彩総合事務所代表社員。国際医療福祉大学大学院准教授。
　東京大学卒業後、平成2年、国税庁入庁。調査査察部調査課、名古屋国税局調査部、関東信越国税局資産税課、国税庁資産税課勤務を経て、外資系会計事務所へ移り、平成18年に安部和彦税理士事務所・和彩総合事務所を開設、現在に至る。
　医師・歯科医師向け税務アドバイス、相続税を含む資産税業務及び国際税務を主たる業務分野としている。
　平成23年4月、国際医療福祉大学大学院医療経営管理分野准教授に就任。

【主要著書】
『Q&A　相続税の申告・調査・手続相談事例集』（2010年、税務経理協会）、『税務調査の指摘事例からみる法人税・所得税・消費税の売上をめぐる税務』（2011年、清文社）、『税務調査事例からみる役員給与実務Q&A』（2012年、清文社）、『[新版] 税務調査と質問検査権の法知識Q&A』（2012年、清文社）、『事例でわかる病医院の税務・経営Q&A（第2版）』（2012年、税務経理協会）、『医療・福祉施設における消費税の実務』（2012年、清文社）、『医療現場で知っておきたい税法の基礎知識』（2012年、税務経理協会）、『修正申告と更正の請求の対応と実務』（2013年、清文社）、『消費税の税務調査対策ケーススタディ』（2013年、中央経済社）、『消費税［個別対応方式・一括比例配分方式］有利選択の実務』（2013年、清文社）、『国際課税における税務調査対策Q＆A』（2014年、清文社）、『相続税調査であわてない「名義」財産の税務』（2014年、中央経済社）

【主要論文】
「わが国企業の海外事業展開とタックスヘイブン対策税制について」（『国際税務』2001年12月号）、「タックスヘイブン対策税制の適用範囲－キャドバリー・シュウェップス事件の欧州裁判所判決等を手がかりにして－」（『税務弘報』2007年10月号）等。

【ホームページ】
http://homepage2.nifty.com/wasai-consultants/index.html

Q&A医療法人の事業承継ガイドブック
納税猶予制度の実務と相続対策

2015年3月10日発行

著 者	安部 和彦 ⓒ
発行者	小泉 定裕
発行所	株式会社 清文社 東京都千代田区内神田1-6-6（MIFビル） 〒101-0047　電話03(6273)7946　FAX03(3518)0299 大阪市北区天神橋2丁目北2-6（大和南森町ビル） 〒530-0041　電話06(6135)4050　FAX06(6135)4059 URL http://www.skattsei.co.jp/

印刷：大村印刷㈱

■著作権法により無断複写複製は禁止されています。落丁本・乱丁本はお取り替えします。
■本書の内容に関するお問い合わせは編集部までFAX（03-3518-8864）でお願いします。

ISBN978-4-433-53144-7